# 二战战术手册

## 空降和丛林作战战术

［英］格尔顿·L. 罗特曼 ［英］史蒂芬·布尔 著
［英］彼得·丹尼斯 ［英］史蒂夫·努恩 绘
邢天宁 译

民主与建设出版社
·北京·

**图书在版编目（CIP）数据**

二战战术手册. 空降和丛林作战战术 /（英）格尔顿·L. 罗特曼，（英）史蒂芬·布尔著；（英）彼得·丹尼斯，（英）史蒂夫·努恩绘；邢天宁译. -- 北京：民主与建设出版社，2025. 9. -- ISBN 978-7-5139-5021-3

Ⅰ. E83-62

中国国家版本馆 CIP 数据核字第 20252MD558 号



# 二战战术手册：空降和丛林作战战术

ERZHAN ZHANSHU SHOUCE:KONGJIANG HE CONGLIN ZUOZHAN ZHANSHU

| | |
|---|---|
| 著　　者 | ［英］格尔顿·L. 罗特曼　［英］史蒂芬·布尔 |
| 绘　　者 | ［英］彼得·丹尼斯　［英］史蒂夫·努恩 |
| 译　　者 | 邢天宁 |
| 责任编辑 | 彭　现 |
| 封面设计 | 但佳莉 |
| 出版发行 | 民主与建设出版社有限责任公司 |
| 电　　话 | （010）59417749　59419778 |
| 社　　址 | 北京市朝阳区宏泰东街远洋万和南区伍号公馆 4 层 |
| 邮　　编 | 100102 |
| 印　　刷 | 重庆长虹印务有限公司 |
| 版　　次 | 2025 年 9 月第 1 版 |
| 印　　次 | 2025 年 9 月第 1 次印刷 |
| 开　　本 | 710 毫米 ×1000 毫米　1/16 |
| 印　　张 | 15 |
| 字　　数 | 250 千字 |
| 书　　号 | ISBN 978-7-5139-5021-3 |
| 定　　价 | 99.80 元 |

注：如有印、装质量问题，请与出版社联系。

# 目　录

CONTENTS

CONTENTS

# 主要缩略语表

| 缩略语 | 全称 | 中文译名 |
| --- | --- | --- |
| AA | Antiaircraft | 防空、高射炮 |
| Abn Div | Airborne Division（US & British） | 空降师（美军和英军） |
| AL | Air-landing | 机降 |
| AT | Antitank | 反坦克 |
| Bde | Brigade | 旅（英军的旅的规模相当于美军的团级战斗队） |
| DZ | Drop Zone | 空投区 |
| FJD | Fallschirmjäger Division（German） | 伞兵师（德军） |
| FJR | Fallschirmjäger Regiment（German） | 伞兵团（德军） |
| HMG | Heavy Machine Gun | 重机枪 |
| HQ | Headquarters | 指挥机构 |
| Inf Div | Infantry Division | 步兵师 |
| LMG | Light Machine Gun | 轻机枪 |
| LZ | Landing Zone（Glider） | 着陆区（滑翔机） |
| Pdr | Pounder（British Artillery Designation） | 磅（英军火炮规格单位） |
| PIR | Parachute Infantry Regiment（US） | 伞降步兵团（美军） |
| SNLF | Special Naval Landing Force（Japanese） | 海军特别陆战队（日军） |

# 单位换算表

## 距离和长度

1 英里≈1.609 千米

1 码≈0.914 米

1 英尺≈0.304 米

1 英寸≈2.54 厘米

## 重量

1 磅≈0.453 千克

1 英吨≈1.016 吨

1 英担≈50.8 千克

# 二战空降战术

第一部分

# 引　言

二战期间，有一种全新的作战方式登上了历史舞台。它可为军队提供从敌军“垂直侧翼”乘虚而入的能力，让大型作战部队利用降落伞、滑翔机和运输机迅速深入敌后。与其他新颖的作战方式一样，空降作战在问世之初取得过辉煌的成功，也经历过惨痛的失败。

发动空降作战的军队可以获得许多优势：进攻方可以实施“垂直包围”，绕过敌方配备了侧翼掩护的前沿防线或阵地；进攻方能够“跳过”前进道路上的各种天然障碍（例如河流、山脉，甚至是海洋）。空降部队通常需要与传统地面部队配合才能圆满完成任务。发动空降作战不仅能缩减地面参战部队的规模，还可以骚扰敌方守军，削弱敌方抵抗能力。

进攻方可以从己方纵深区域发起空降作战，以极快的速度直捣敌军后方，使其猝不及防。不仅如此，进攻方还有大量目标和方案可供选择，没有哪个防守方能确保己方防线万无一失。在准备发起空降作战前，空降部队应对敌方预备队、防空力量、反空降部队、后方勤务单位和指挥所的分布进行评估，争取制定能“应对”敌方防御计划的方案。此外，空降部队还能通过伞降和机降的方式来增援进攻部队，而不需要使用速度缓慢的海船和卡车等运输工具。

无论空降作战的规模大小，它都可以给敌方造成不容忽视的影响：能迫使敌方各级指挥机构调整应对预案；敌方很难判断空降作战的规模，“小规模袭击也能产生类似大规模行动的震慑效果”；敌方将被迫投入资源，为后方设施构建防御，派遣部队看守潜在空降目标，并部署反空降部队（这些措施会削弱敌方的后备力量，使其无法支援一线防御部队，导致后者难以抵御来自地面或海上的直接进攻）。虽然有些人认为，空降部队可能会在着陆后四散开来，无法集中行动，但实际上，这也是一种优势。比如，在西西里岛和诺曼底，盟军空降部队就曾因夜间能见度太低而分散，导致来自不同单位的空降兵[①]只能自发组织在一起，循着枪声前进。不过，这些一度杂乱无章的部队仍完成了大部分任务。事实上，这些分散的空降

①本书脚注如无特别说明，均为译者注。此处的空降兵包括伞兵和机降步兵。

德国是世界上第一个在战斗中大规模空投伞兵的国家。德国于 1940 年 5 月在低地国家获得的成功，令其他国家迅速效仿，纷纷组建了一系列实验单位。本照片是在摄影棚中拍摄的，照片中的主角是 1 名年轻的德国伞兵，他正在骄傲地展示自己的奖章。颇具讽刺意味的是，尽管他获得了一些战斗奖章［比如德国空军地面作战奖章（Luftwaffe' s Ground Combat Badge）］，但这些奖章与空降作战毫无关系。1941 年 5 月，德国伞兵在克里特岛蒙受了重大损失。之后，德国伞兵就几乎没有执行过超过营级规模的空中突击行动了。（私人收藏）

兵给德国人造成了始料未及的麻烦。在大部分关键时刻（即盟军发起两栖登陆时），德军的后方勤务、指挥和控制网络都处于瘫痪状态。伞兵降落的报告从四面八方传来，让德军极大高估了盟军参战空降部队的规模。只要伞兵有可能着陆，防守方就会长期神经紧绷，并建造不必要的防御设施。这种情况在菲律宾、夏威夷和缅甸等地都出现过——在这些地区，盟军曾非常担心日军伞兵会发动进攻。

虽然空降部队属于进攻力量，但他们也可以参与防御作战，例如增援被切断后路的地面部队，或者对敌军后方发动牵制性或骚扰性袭击。此外，空降兵还可以对敌军浅近后方的目标发动进攻，从而支援友军实施反击。

虽然空降作战是一种很有效的作战方式，但是其成功执行有赖于一系列的先决条件：

第一，空降部队必须训练有素，部队里的士兵的素质应大大超过普通义务兵。第二，空降部队应当装备精良，并由精明强干、富有进攻精神的指挥官率领。第三，空降作战的规划极为耗时，且需要大量关于地形和天气（选择适宜的地形和天气至关重要）、敌军部队、敌军能力、敌军目标的情报。第四，进攻方的空中力量必须至少掌握局部空中优势——不仅要确保将空降部队投放到目标地区，还要在随后数天时间里持续提供近距离空中支援、物资补给和增援。第五，运输机的机组人员必须接受过良好训练且严守纪律……此外，有关方面还必须根据实际情况，考虑伞降和机降的时间（夜间或昼间），尤其是要考虑在夜间实施空降的复杂性。此外，他们还必须认真考虑各个空投区、着陆区与目标的关系，以及这些地点之间的距离。

## 空降部队的称谓

空降部队种类繁多，在各国军队中的称谓也不尽相同。在英文中，代表“空降”的“Airborne”一词实际上涵盖了一切通过空中力量投送的地面部队。

在美国陆军中，“Airborne”一词有时代表所有空中投送单位，有时仅代表其中一个特定单位。“空降师”（Airborne Division）下辖的空中投送单位有三种类型，即“伞兵”（Parachute）单位、“滑翔机”（Glider）单位和“空降”（Airborne）单位。一般而言，在番号中出现“伞兵”和“滑翔机”字眼的单位都是步兵和野战炮兵单位，分别代表此单位专门接受过伞降或滑翔机机降训练。另外值得一提的是，在空降师中，作战支援和勤务支援单位通常会搭乘滑翔机和运输机行动，但其中某些下属单位可能接受过伞降训练，例如空降工兵营里的伞降工兵连（一般会在作战行动中被配属给伞降步兵团）。另外，美国陆军中还有一些空降航空工兵营和空降高射炮营，这些部队是独立单位，不属于任何一个师，一般会搭乘运输机（理论上也可以搭乘滑翔机）抵达战场。有时，美国陆军中一些单位的番号里还会出现“空运”（Air-transportable）一词。番号中有“空运”字眼的单位，通常是常规地面作战单位，虽然其接受过大规模空运训练，但并不会被作为专门的空运单位使用。在进行空运部署时，这些单位的重装备将被留在后方。美国海军陆战队中也有一些伞兵单位，例如海军陆战队第 1 伞兵营。这些伞兵单位有时也被叫作“Paramarine”（直译即“伞降海军陆战队”），但这并不是正式称呼，而且带有贬义，因为“Paramarine”的另一重意思是“半个海军陆战队队员”。

在英军中，“Airborne”是一个统称，包括了第 1 空降师和第 6 空降师所有的下属单位，以及部分独立空降单位。英军各空降师的下属单位，一般分为“伞兵”（Parachute）单位和“机降”（Air-landing，代表该单位接受过滑翔机机降训练）单位。在英军空降师中，“伞兵”单位最初只有 2 个旅部、6 个步兵营，但后来又增加了旅工兵中队和野战医疗队。至于英军空降师中的其他单位，则大多为“空降师属”单位或“机降”单位。

德国国防军的空降部队被统称为“Fallschirm und Luftlandetruppen”，即“伞兵和机降部队”。其中，伞兵部队（Fallschirmtruppen）隶属德国空军（Luftwaffe），而机降部队（Luftlandetruppen）则隶属德国陆军（Heer）。在德国伞兵师（Fallschirmjäger Division）的编制内，只有 3 个步兵团属于“伞兵”（Fallschirmjäger）单位，而其他部队则属于“伞降”（Fallschirm）单位。另外值得一提的是，伞兵师下辖的所有单位都接受过跳伞训练，且可以在必要时搭乘滑翔机着陆，但只有第 1 机降突击团（Luftlandesturm Regiment 1，该团也接受过跳伞训练）专门接受过滑翔机机降训练。德国陆军先后将 2 个步兵师改编为机降师，即第 22（机降）步兵师和第 91（机降）步兵师。随着二战的爆发，为拔高自身地位，德国空军还将大量地面部队改编为“伞兵”部队，但这些部队的下属人员几乎都没有接受过跳伞训练。

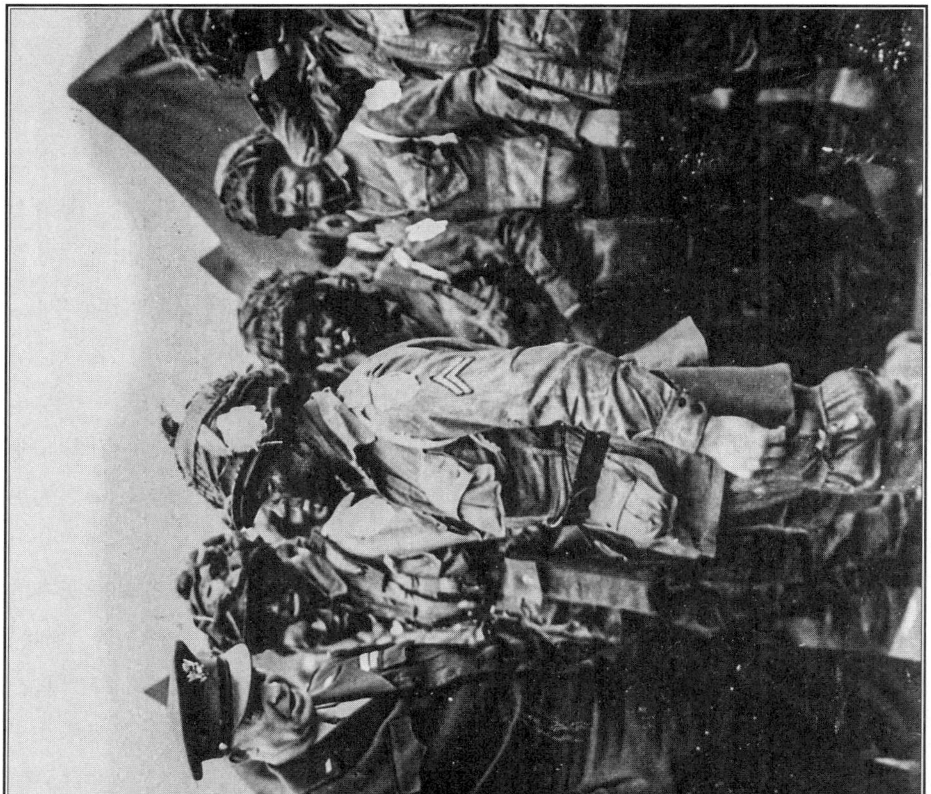

*1944 年 6 月 5 日晚，即诺曼底登陆前夕，盟军远征军最高司令德怀特 · 艾森豪威尔将军来到格林汉姆公地机场（Greenham Common airfield），视察了美军第 101 空降师的伞兵。*

*1945 年 3 月 24 日，即“大学”行动（Operation“Varsity”）期间，英国皇家阿尔斯特来复枪团第 1 营（1st Bn,Royal Ulster Rifles）的滑翔机步兵在一座德国村庄的路牌旁合影留念。该村庄是他们的第一个目标，于当天上午 11 时之前被攻克。这些士兵头戴空降部队特有的红色贝雷帽，身着丹尼森迷彩罩衫（Denison Smock）。皇家阿尔斯特来复枪团第 1 营隶属于第 6 空降师，是第 6 机降旅下辖的 3 个营之一。[帝国战争博物馆（Imperial War Museum）供图]*

苏军将各类空降部队统称为“Vozdushno Desantnye”，即“空降兵”（俄语俗称为“Desantniki”，在后文中，我们有时也会称其为“伞兵”）。从 1936 年起，部分苏军空降兵开始在伞降训练的基础上接受额外的滑翔机或运输机机降训练。到 1941 年，所有苏军空降兵单位都在理论上具备了伞降、滑翔机机降和运输机机降能力，但可能严重欠缺专门的滑翔机和运输机机降训练。在苏军中，军级空降部队被称为“空降兵军”，而旅级空降部队则被称为“空降兵旅”。

在日本陆军中，空降部队被统称为“挺进部队”（Teishin），其中“挺进”意为“快速直进”或“冒险前进”——在1904年—1905年的日俄战争期间，该词曾被用于形容骑兵奇袭部队。在英文中，“挺进”一般被翻译为“Raiding”，即“突袭”。二战中，日军所有伞降、滑翔机机降和专用空运单位都被称为“空中挺进部队”（Kuchu Teishin Batai），营级伞兵单位被称为“挺进联队”，营级滑翔机步兵单位被称为“滑空步兵联队”（Kakku Hohei Rentai）。日本海军也有空降单位——这些部队都被称为“Tokubetsu Rikusentai”（即Special Naval Landing Force，海军特别陆战队），但这个词语经常被西方国家错译成“帝国海军陆战队”。

# 起　源

早在18世纪，人类就幻想过利用“从天而降”的部队攻击敌军。一战期间，美国人曾设想如果战争持续，就使用轰炸机将整个步兵师空投到德军战线后方。20世纪20年代和30年代初，各国先后完成了多次小规模部队跳伞实验——这些实验更像是技术论证，其意义主要是证明从敌方“空中侧翼”乘虚而入的可能性。但随着新型飞机不断问世，飞行纪录不断被打破，许多军官对利用空中力量打击敌人跃跃欲试。不过，一些因素还是拖延了空降部队的组建，它们包括客观和主观原因两个层面：客观原因主要是飞机和降落伞的性能有限；主观原因主要是当局不愿提供拨款，且缺乏先见之明。

虽然“空降作战真正的黎明降临于20世纪30年代中后期”，但此前已经有一些国家开始使用运输机大规模运兵了。虽然与伞降和滑翔机机降相比，这种方式相对保守，但仍可以快速部署作战部队——这让更多人认识到了空降作战的潜力。1931年，美国陆军从巴拿马地峡一侧向另一侧空运了1个炮兵连，并于两年后将这种空运的规模扩大为1个炮兵营。1934年，美军在特拉华州的1次演习中将1支步兵小分队机降到了“敌军”防线后方。1923年，英军在伊拉克用飞机运兵，镇压了一次部族叛乱。1932年，英军从埃及空运了1个营的镇压部队。在1932年—1935年玻利维亚和巴拉圭进行的“查科战争”中，玻利维亚曾用德制容克斯Ju 52客机运输部队。在这段时间，法国和意大利也进行了部队空运实验。相比之下，苏联的实验规模更大：1931年—1932年，该国组建了一些小型摩托化机降试验部队（Small Motorized Air-landing Test Units），并于1933年在基辅演习中投入了2个伞兵团和2个机降团；1935年，苏军在演习中机降了拥有8000名士兵的部队（配有轻型坦克和卡车），并空投了3000名伞兵。

1936年8月初，西班牙国民军发起了历史上首次具有重大战略影响的空运行动。当时正值西班牙内战爆发，国民军将800名佛朗哥旗下的“非洲军团”（African Army）士兵从摩洛哥运过直布罗陀海峡，以增援在西班牙本土的支持者。在此期间，国民军使用了德国提供的容克斯运输机。到9月中旬，国民军已从非洲向西班牙本土运送了2万人，其中大约有9000人乘坐的是飞机（国民军有时会在定员17人的运输机里塞进40人）。

空降作战的另一种方式是利用滑翔机来运送作战部队，但直到二战爆发前夕，各国才开始考虑这种做法。虽然许多国家（尤其是德国、苏联和日本）都在大力开展滑翔机运动项目，但其主要目的是培养未来的飞行员。1938 年，德军率先组建了滑翔机步兵单位，苏联紧随其后于 1940 年组建了滑翔机部队。英国和日本在 1941 年年底组建了滑翔机部队，而美国直到 1942 年才组建滑翔机部队。

*在空降部队诞生之初，许多实验部队都使用过飞行员应急降落伞——使用者需要先从飞机上跳下，然后用手拉动开伞索。这张拍摄于 20 世纪 30 年代的照片显示，一些苏军空降兵正从位于图波列夫 TB-3（又名 ANT-6）重型轰炸机背部的机枪战位爬出，试图踏上机翼，从机翼上滑下。由于缺乏专用运输机，一些国家最初用改装后的轰炸机来空投伞兵，只是效果不尽如人意。*

## 伞兵部队

伞兵部队的发展并不是一帆风顺的，在这一领域，苏联充当了“领路人”。1928 年，在图哈切夫斯基（M.N.Tukhachevsky）元帅的主持下，苏军开始进行相关试验。随着这些试验不断推进，苏军空降部队也在逐渐发展，并在 20 世纪 30

年代的军事演习中愈发频繁地登场。苏军空降部队最初只是临时分遣队，后来演变为成建制的伞兵团。到 1932 年，苏军空降部队已开展了伞降、机降和滑翔机战术训练，并开始学习如何与地面部队联合行动。与此同时，苏军还在研制新式降落伞、滑翔机、火炮空投平台，并试图将轰炸机改装为运输机。而且，苏军还在设想组建更大规模的空降部队，并用这些部队实施战役级敌后空降作战（苏军还为此制定了一系列条令）。由于空降力量的宝贵性，苏军计划让这支部队由最高统帅部直接管辖，并保持其独立性，以确保该部队能得到有效使用。此外，苏军还在 1933 年颁布了使用空降部队的专门指示。外国观察员们纷纷将上述情况传回国内，到 1935 年，苏军空降部队已获得了广泛关注。1933 年苏军拥有 1 个空降旅，1936 年苏军又组建了另外 2 个空降旅。截至 1939 年，苏军已拥有 6 个空降旅和一些小规模空降单位。1939 年—1940 年，苏军空降部队在芬兰战场和诺门罕冲突中获得了实战经验，并通过伞降和机降的方式参与了兵不血刃占领罗马尼亚比萨拉比亚（Bessarabia）地区的行动。在 1941 年德军入侵苏联前夕，苏军空降兵的规模已达到了 5 个军（实际上是师级部队）。

德国伞兵部队起源于国土警察（Landespolizei）。国土警察是一支准军事化部队，于 1933 年根据赫尔曼 · 戈林（当时担任德国内务部部长，负责统辖所有德国警察部队的戈林，后来成了德国空军司令）的命令成立。尽管如今学者们都对德国的举措颇有赞誉，并将该国视为最积极接纳空降作战理念的国家及空降作战理念发展的领军者，但事实上，戈林建立空降部队之初仍遭到了强烈抵制，老派陆军军官对此尤为不满。戈林于 1935 年创建了德国第一支伞兵部队，即“赫尔曼·戈林”国土警察团(Landespolizei Regiment “Hermann Göring”)第 4 营。1938 年 7 月，该营更名为第 1 伞兵团第 1 营。1939 年 1 月，第 1 伞兵团又获得了第 2 个营（其前身是陆军组建的伞降步兵营）。1939 年 8 月和 1940 年 7 月，德军又先后组建了第 2 伞兵团和第 3 伞兵团。

虽然德国空军在 1942 年以前没有再组建其他伞兵团，但德国陆军却在 1940 年组建了第 1 机降突击团（该团下辖 4 个营，具备滑翔机机降和伞降能力）。德军第 1 个伞兵师是于 1938 年 7 月 1 日组建的德国空军第 7 航空师（二战爆发时，该师只有两个团，共计 4 个营）。与此同时，德国陆军还将 1 支普通步兵师改编为了空运部队，即第 22（机降）步兵师。后来，德国陆军又很不情愿地将第 22（机降）

*准备进行跳伞练习的德国伞兵。请注意这些伞兵的背包上的浅色固定开伞索，以及橄榄绿色的早期跳伞服——当时，这种跳伞服上还没有迷彩伪装。这些伞兵戴的 M1938 头盔上有国徽贴花，这表明本照片可能拍摄于 1940 年 4 月之前。各国的跳伞装具有许多相似之处，能尽量避免让伞兵的身体与释放的伞绳缠绕在一起。另外，由于在开伞和着陆时，伞兵还将遭到“冲击”，因此这些装具还必须能避免装备松脱。所有伞兵都配有特殊的头盔、罩衫和靴子，它们被视为伞兵“精锐”身份的象征。*

步兵师交给了由德国空军组建的空降军 [Luftlandekorps。该军军长是库尔特 · 斯图登特（Kurt Student）空军少将 ]。除了伞兵和机降部队之外，这支空降军还拥有若干空军滑翔机单位和专门的运输机单位。第 22（机降）步兵师在 1938 年完成了部分任务转换，并在德国吞并苏台德地区（Sudetenland）期间被空运到当地。戈林曾试图把该师并入空军，但这项提议遭到了陆军拒绝。

在二战初期，德军伞兵师和机降师很少参加战斗。虽然在 1940 年 4 月的挪威和丹麦战役期间，有几个伞兵连参加了空降作战，但德国伞兵真正大举登场要等到该国于 1940 年 5 月入侵低地国家时。德军伞兵的作战表现促使英军和美军迅速着手评估这种“非传统作战力量”。1940 年 7 月，德军又组建了第 3 伞兵团，该团随即被编入了第 7 航空师。

英国人组建空降部队的努力始于1940年6月，当时皇家空军建立了一所跳伞学校。之后不久，温斯顿·丘吉尔首相向战时内阁雄心勃勃地表示："我们应该建立一支拥有5000人的伞兵部队……"按照丘吉尔的设想，这支部队应当从英军及英联邦国家军队中抽调人员组建，并吸收法国和挪威流亡者。而且，该部队还应与新近组建的两栖作战部队——突击队（Commandos）——共同行动，从而利用袭扰战术来打乱德军的行动节奏，为英国在敦刻尔克大撤退之后重建军队争取时间。但另一方面，由于任务繁重，皇家空军对此热情不高，只为空降部队提供了极少的设施和飞机。更重要的是，当时英军也没有专用的运输机，只有少量经过改装的"惠特利"（Whitley）轰炸机可供调遣。1940年7月，营级规模的第2突击队作为英国首支空降部队，开始接受相关训练。11月，该部队更名为特种空勤团第11营（11th SAS Bn），并被划分为伞降和滑翔机机降分队。1941年9月，特种空勤团第11营更名为陆军伞兵团第1营，随即第1伞兵旅也宣告成立。之后，英国人迅速组建了陆军伞兵团第2营和陆军伞兵团第3营（主要由来自各陆军部队的志愿者组成）。1942年年初，英军又组建了陆军伞兵团第4营。

*跳伞前，英国陆军伞兵团第1营营长埃里克·当恩（Eric Down）与前来视察的英国陆军和空军高级军官交谈。当恩中校戴着带有橡胶垫的训练头盔——这种头盔从未用于实战。（私人收藏）*

*英国伞兵（跳伞装具上固定的小包是防毒面具包）准备进行跳伞训练。由于备用伞的成本高达 60 英镑且实战价值有限，所以它没有被英军采用。值得一提的是，英军的早期跳伞服直接仿制了德军的早期连体跳伞服——这些跳伞服都采用了"伸腿一次穿戴"设计，而且两国伞兵都将其称为"尸骨袋"（Bone-sack）。*

1941 年年底，英军组建了第 1 机降旅。该旅改编自第 31 独立步兵旅，下辖 3 个营。1941 年 11 月，英军将已有的伞降和机降旅与滑翔机飞行单位一起编入了新成立的第 1 空降师。该师师长是弗雷德里克·布朗宁（Frederick Browning）准将，此人同时还兼任英国伞降和机降部队司令（Commander, Paratroops and Airborne Troops）。在行政管理上，该师的各伞兵营均隶属于在战争中新组建的伞兵团。1942 年 8 月，英国陆军又成立了"陆军航空兵部队"（Army Air Corps），其辖下不仅有伞兵团，还有新成立的滑翔机飞行团（Glider Pilot Regt）。1942 年 7 月，英国陆军又组建了第 2 伞兵旅。该旅的下属单位包括伞兵团第 4 营、第 5 营和第 6 营，其中第 4 营抽调自第 1 伞兵旅，而第 5 营和第 6 营则由现有的步兵营改编而来。

美国从 1940 年 4 月开始大举组建空降部队［其起源是"伞降试验排"

（Parachute Test Platoon）]。之后，美军步兵部队和陆军航空兵部队（Army Air Corps）很快就围绕空降部队的控制权展开了官僚斗争，但美国当局最终认定空降部队是一种借助飞机运输的步兵部队。1940 年 9 月，美国陆军第 1 伞兵营成立（不久后就更名为第 501 伞兵营）。1941 年 2 月，美军组建了“临时伞兵大队”（Provisional Parachute Group）作为伞兵行政管理机构。1941 年 7 月，美军组建了第 502 伞兵营，并在同年相继组建了第 503 和第 504 伞降步兵营。此外，美军还先后组建了第 550 空降步兵营和第 88 空降步兵营，其中前者属于机降部队，后者属于试验单位（负责测试空降装备、配载方案、空降战术和技术）。1941 年 7 月，美国陆军航空兵部队开始进行滑翔机机降实验。

*1940 年，佐治亚州本宁堡（Ft Benning），美国陆军伞降试验排的成员正在准备跳伞。该排的成员全都是来自第 29 步兵团的志愿者，他们配有飞行头盔和 T-4 型降落伞（开伞索位于右侧），其胸前的小包是备用伞包。各国早期试验部队不仅对跳伞者的身体素质要求极高（选拔流程不逊于飞行员选拔），还要求他们必须擅长地面作战。*

当美国于 1941 年 12 月参加二战时，美军的空降部队正在迅猛发展，只是其战术单位规模依然有限（从未超过营级规模）。但很快，美军的伞兵营就被扩编为伞兵团。此外，和德国空军一样，美国陆军航空兵①也开始组建专用空运部队。1942 年 5 月，美国陆军还组建了空降兵司令部（Airborne Command）——负责空降部队的组建、装备和训练。当时，该司令部还会与陆军航空兵麾下的部队运输司令部（Troop Carrier Command）协调，管理运输机和滑翔机单位。之后，美国陆军着手组建了多个空降师，并在 1942 年为第 2 步兵师提供了空运部署训练。美国海军陆战队也从 1940 年年底开始培训自己的伞兵，海军陆战队第 1 伞兵营和第 2 伞兵营分别在 1942 年 8 月和 10 月成军。

日本陆军空降部队是奉东条英机之命组建的，并从 1940 年 12 月起步入正轨。当时，德国空降部队的行动令东条英机印象深刻，他认为这种新型部队在日军侵略太平洋地区时会发挥巨大作用。日军空降部队的训练和发展持续了整整一年时间，最终，日军在偷袭珍珠港的一星期前组建了挺进第 1 联队（营级部队），后又相继成立了第 1 挺进团②和挺进第 2 联队。值得一提的是，日军还为第 1 挺进团配备了直属运输机和滑翔机单位。另一方面，日本海军也组建了试验性伞兵部队（1940 年 11 月成立，其成立时间早于陆军空降部队）。12 个月后，日本海军已组建了两支接受过跳伞训练的“海军特别陆战队”（均为营级部队）。1942 年 1 月和 2 月，日本海军的空降单位在荷属东印度群岛完成了战斗跳伞任务。1942 年 2 月，日本陆军的挺进第 2 联队也在苏门答腊岛（Sumatra）进行了空降作战。

在二战中，意大利军队没有进行过任何空降作战，其空降部队可谓“有名无实”。20 世纪 30 年代，意大利驻苏联的军事演习观察员提议效仿苏军，创建空降部队，但军方没有采取任何行动。直到 1938 年 3 月，意军才在利比亚组建了首个空降单位——利比亚航空步兵营（由来自陆军和空军的志愿者组成）。此后，意大利空军为利比亚航空步兵营提供了 1 所跳伞学校。利比亚航空步兵营可被视为利比亚总督伊塔洛 · 巴尔博（Italo Balbo）将军的“私生子”，其组建并未得到罗

---

①这里的原文为“美国陆军航空兵部队”。实际上，当时“美国陆军航空兵部队”已经更名为“美国陆军航空兵”（Army Air Force）。

②日军中的“团”实际上是一种临时性质的单位（比联队的规模大，比旅团的规模小），一般会根据任务组建，并随着任务的结束而撤编。

马当局批准，其成员也大多是利比亚籍阿拉伯人。1940 年，意军又组建了第 1 利比亚国民伞兵营，其成员同样以利比亚人为主。这些空降部队共有大约 850 人。1941 年 1 月，这些空降部队参加了德尔纳（Derna）附近的防御战，并最终在当地沦陷时被英军击溃。意大利陆军直到 1940 年 7 月才组建了正规的伞兵部队（其中 1 个营于 1941 年 7 月参加了在北非发生的战斗），其兵员均来自皇家宪兵部队（Carabinieri）。意大利空降部队的发展非常迅速。1942 年 2 月，为夺取马耳他，意军利用 3 个伞兵团组建了第 1“闪电”伞兵师（1st“Folgore”Parachute Div）。当夺取马耳他的任务被取消后，5000 多名伞兵被作为精锐轻步兵部署到了北非，并在 10 月的阿拉曼战役中几乎全军覆没。意军的第 2 个伞兵师是“雨云”（Nembo）师，但该师只参加了巴尔干地区的反游击作战。[①] 此外，意军还具有一定滑翔机机降能力，但同样没有经过实战检验。

①此处有误，该师并未被派往巴尔干地区，而是被派往萨丁岛防范盟军登陆。

# 早期理论

许多国家最初将伞兵视为袭扰部队，并认为他们应当小规模行动（只有苏联是例外）。由于当时飞机的能力有限，伞兵部队的指挥、控制和补给也存在困难，因此这种“短视”其实不难理解。在当时的条件下，各国已有能力向敌军后方空投小规模的袭击人员（会携带足以维持多日的弹药和给养）。但另一方面，此类任务往往无法给敌军造成太大破坏，导致任务投入和回报不成正比。至于大型空降部队的补给问题则更加严重——在他们与敌军直接交战，并陷入包围时，情况尤其如此。而且，大型空降部队的物资需求量非常高。另外，根据设想，伞兵部队还可以执行敌后侦察任务，但他们必须装备可靠的远程无线电台，以便及时传回情报。

当时，各国军方还提出了许多更有野心的方案，例如派遣营级部队进行伞降或滑翔机机降，夺取敌军浅近纵深的关键目标（如桥梁、机场和主干道节点等），从而协助地面部队发动主攻或阻滞敌军增援。根据设想，这些空降部队必须独立作战 3 天至 5 天，要抵挡住敌军的各种反扑，直到己方援军抵达。在此期间，这些部队的火力支援将主要由航空部队提供。同时，航空部队还将负责空投物资，并在条件允许时后送伤员。

截至 1940 年，即使是保守人士也相信空降部队能够承担下列任务：

1. 破坏敌军交通线和补给线。
2. 打通或封闭要隘和十字路口，夺取关键地物。
3. 阻止敌方预备队行动。
4. 攻击敌方空军的地面单位和设施。
5. 从空中包围敌军。
6. 增援友军。

## 早期行动

德军在 1940 年的空降作战尤其值得一提。1940 年 4 月在挪威，他们曾空投 1 个伞兵连用于切断道路。同月在丹麦，他们也空投了 3 个伞兵连，以夺取 2 座机场和 1 座桥梁。5 月，德军在 11 天内将 1 个伞兵连分批空投在挪威北部，以增援一支被围困的山地部队。1940 年 5 月 10 日，在比利时和荷兰，德军空降兵实施了多次更加大胆的行动：参与行动的部队规模最小为排级，最大为营级，投入的总兵力多达两个伞兵团。这些旨在夺取桥梁和机场的行动，得到了机降师下属部队（搭乘运输机，甚至是水上飞机抵达战场）的配合。这些行动都取得了成功，并让盟军领教到了空降部队的威力。另外值得一提的是，德军还利用滑翔机机降部队夺取了比利时的埃本 - 埃马尔（Eben - Emael）要塞——与在鹿特丹附近实施的大规模空降相比，这一行动引起了更多“战略军事家”的注意。

有趣的是，在 1941 年 7 月，当全世界都把目光投向苏联境内的宏大战斗时，秘鲁和厄瓜多尔爆发了一场边界战争。在这场边界战争中，秘鲁用意大利人训练的伞兵夺取了 2 座机场和厄军防线后方的 1 座补给基地，导致厄瓜多尔边境守备部队陷入混乱。

*在鹿特丹瓦尔哈芬机场（Waalhaven airfield）附近，德军第 1 伞兵团第 3 营的伞兵与步兵部队会合。该营于 1940 年 5 月 10 日夺取了瓦尔哈芬机场，为第 22（机降）步兵师下属部队乘飞机抵达当地创造了条件。（私人收藏）*

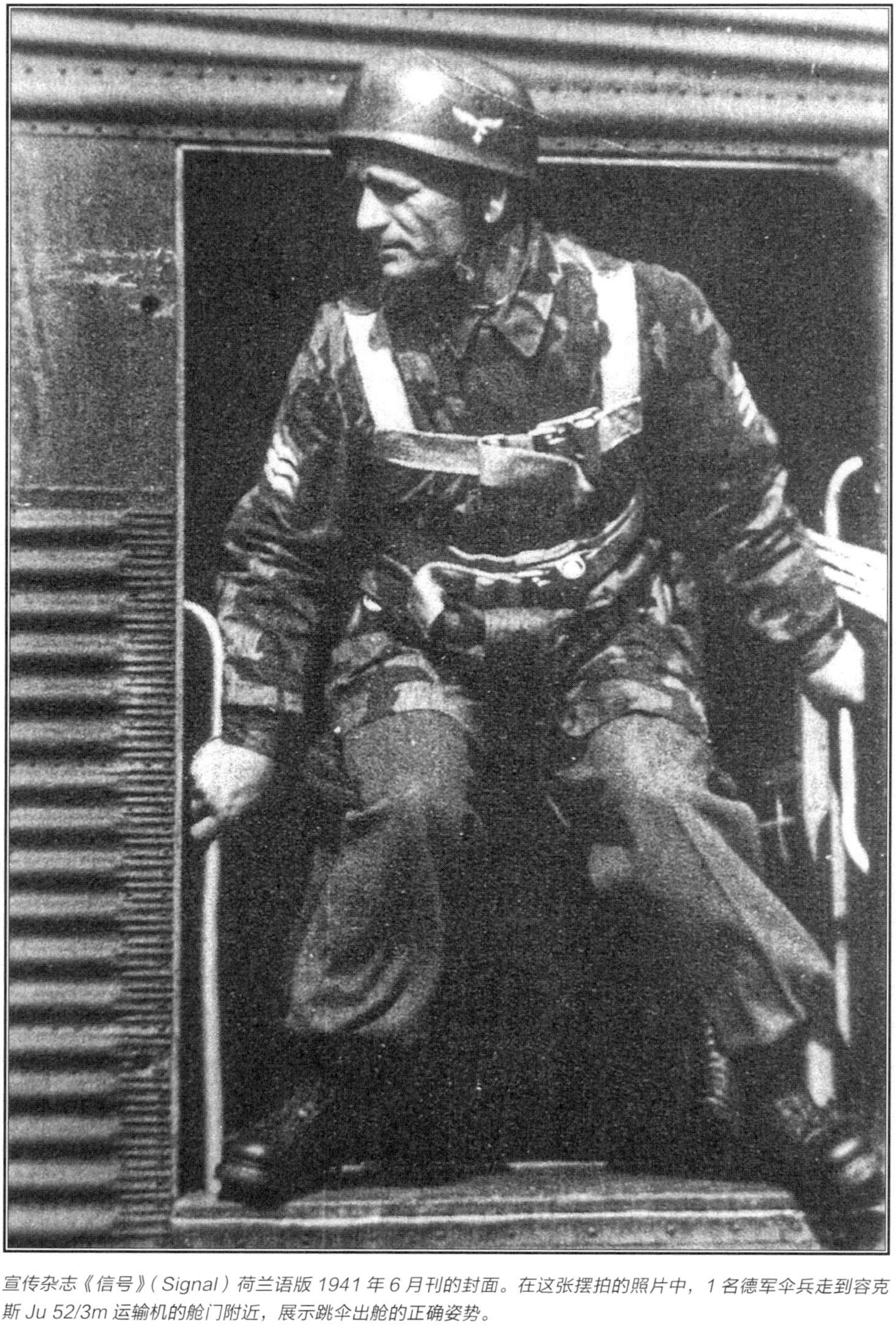

宣传杂志《信号》(Signal)荷兰语版 1941 年 6 月刊的封面。在这张摆拍的照片中，1 名德军伞兵走到容克斯 Ju 52/3m 运输机的舱门附近，展示跳伞出舱的正确姿势。

正在跃出舱门的德军伞兵。虽然这张照片明显是在地面摆拍的，但也展示了跳伞的标准动作。需要指出的是，由于降落伞和装备异常沉重，伞兵必须在出舱时纵身一跃。（私人收藏）

英军最初进行的 2 次空降作战都是小规模袭击：其中一次发生在意大利，英军投入了 1 个排的兵力，试图摧毁为 3 座港口供水的特拉吉诺（Tragino）渡槽，但惨遭失败；另一次发生在法国沿海，英军投入了 1 个连的兵力，试图夺取雷达系统技术情报，这次作战取得了圆满成功。苏军的首次空降作战发生在 1939 年的苏芬冬季战争初期：苏军向芬军防线后方空投了一些小型牵制和袭扰分队，但这些分队很快就被消灭了。

除了德国之外，还有不少国家都组建了常规步兵空运单位，并试图利用这些单位来扩大伞兵创造的立足点，或者在战区内迅速调遣兵力。美国计划让数个步兵师完成相关训练——这些部队既不会接受改编，也不会接收特殊装备，但其可以抛弃沉重的装备（如重武器和车辆）直接参加空运。如果情况允许，这些部队还会用 75 毫米炮替换原有的 105 毫米榴弹炮。苏军没有空运常规步兵的计划，而是准备直接空运伞兵部队作为后续单位。

按照当时各方的看法，空降作战有赖于下列外部条件：

1. 地面防御力量空虚，或者敌军组织涣散。
2. 着陆地点群众基础好，可以获得情报、食物和运输工具。
3. 敌军处于溃败状态。
4. 地形和天气条件良好。

但事实上，在后来进行的一些空降作战中，这些条件全部具备的情况少之又少，而且人们发现，对行动成功影响最大的往往是最后一个条件。此外，人们还逐渐认识到了空降部队的局限性。因此，传统指挥官往往拒绝参与空降作战，他们认为这种新战法不仅存在缺陷，还有可能导致战斗满盘皆输。上述缺陷包括：

1. 伞兵在降落过程中易受敌军地面部队攻击。
2. 空降部队降落初期会出现混乱局面。
3. 空降部队降落后只能徒步行动，缺乏机动性。
4. 只能由航空部队提供支援火力。
5. 补给困难。

人们还意识到，空降作战的成功取决于许多主观因素，包括：指挥官是否有充分的时间用于规划和安排空降或空运单位；空运单位与空降单位是否配合密切；指挥官是否了解行动区域内的敌情、地形、气象情况，以及目标区域的各种细节。此外，空降部队还不能卷入地面作战任务，否则他们将无法在紧急情况下出动。而且，发起空降作战的一方还必须至少拥有局部制空权。另外，空降作战还必须具有彻底的突然性——这一点至关重要。

在战争初期，只有苏军发展出了一套领先于时代的理论。该理论要求空降单位在敌军后方进行大规模空降，以支援地面部队发动主攻、切断敌方退路，或者威胁敌方暴露的侧翼。这套理论颇具“野心”，但因为当时苏军的空运能力有限，而不具备可实施性。

1933 年，苏军在一份专门指示中特别指出：

> 进攻方应对敌方防线的战役级纵深目标投入团级和旅级空降部队实施攻击，对战术目标投入营级和连级空降部队实施攻击。

在苏芬战争期间，苏军空降部队已多达 6 万人，但他们并没有遵循这套理论对芬兰补给线和增援部队发动大规模空降作战。虽然其具体原因我们不得而知，但可以肯定的是，苏军空降部队明显缺乏敌情和地形情报，而且可能对实施大规模空降作战力不从心。苏芬战争让苏军领悟到：普通战术指挥机构难以有效指挥空降部队，因此后者应由最高指挥层直接管辖。尽管苏军在芬兰的几次空降作战都失败了，但其还是在 1941 年的野战勤务条例中为“如何使用空降部队”提供了很好的理论观点。根据规定，空降部队的用途包括：

1. 攻击敌方指挥部，破坏其指挥、控制机构。
2. 摧毁敌方通信设施，封锁敌方部队、弹药和补给品运往前线的道路。
3. 夺取并摧毁敌方机场。
4. 夺取相关区域，以便机降部队抵达。
5. 增援实施包围行动的友军和机动部队，在敌方战役纵深完成任务。
6. 与敌方空降部队作战（即反空降作战）。

德军伞兵正在准备登上 Ju 52/3m 运输机，进行跳伞训练。请注意，这些士兵都装备了橡胶护膝。当时，德国是唯一为伞兵广泛配备橡胶护膝的国家。这主要是由于德军使用的 RZ 降落伞装具要求伞兵必须在着陆时“前倾着地”。虽然很多国家都开发了各类防护装备，但是对于伞兵来说，他们真正需要的是一顶能牢牢戴在头上的头盔和一双合适的跳伞靴。

乘坐“斯特林”Mk Ⅳ四引擎轰炸机（该机直到 1944 年仍在执行空投任务）的英国伞兵。由轰炸机改装而成的“运输机”通常没有座椅等设施。最初，英国皇家空军为空降部队提供的机型是“惠特利”（Whitley）轰炸机（这是一种过时的机型）——伞兵需要从机腹上的 1 个洞中跳下，这不仅导致经常发生一种名为“按铃”的跳伞事故，还造成许多伞兵鼻子骨折。

# 早期组织结构

在空降作战这一作战方式诞生之初，大多数国家都认为空降部队的规模不宜超过营级或团级。而且这些部队应当组织精干、装备“轻盈”，其下属勤务分队能基本满足要求即可。这主要是由于当时的空降作战和“垂直包围”都属于激进理念，传统的军队领导层对其持怀疑态度——在战前军费紧张时尤其如此。只有极少数人能认识到大规模空降作战的潜在战略影响。

各国最初仅组建了一些小型伞降单位，其任务只是测试飞行员的降落伞。但不久之后，一系列后续研究也宣告启动，其内容涉及测试部队专用降落伞、运输机、跳伞规程、空投高度、空投武器和装备，以及安全着陆程序等。不过，当时各国对空降作战战术的研究仍相对有限。在各国决定组建大型空降部队后，首先接受培训的是军官和士官等骨干人员，之后才开始征召新兵。上述骨干人员中的一部分被派往新单位，一部分成了伞兵学校的教官。

二战时期，大多数国家都是先利用传统轻步兵营改编一两个伞兵单位。同时，这些国家还会继续研究跳伞程序和多机大规模跳伞流程，测试空投较重的武器和装备的方法，并研究一些简单的战术（如在空投区集结和发动突袭等）。当时，伞兵单位的主要训练科目是爆破和破坏。就在这些部队为争取运输机而苦苦挣扎的时候，一些军队高层也看到了空降部队的潜力，开始组建规模更大的单位。

当时，各国的空降部队有的隶属于陆军，有的隶属于空军，还有的则像德国一样“兼而有之”。在有的国家，空降部队虽然隶属于陆军，但却完全由空军管辖。另外，美国海军陆战队和日本海军也建立了自己的伞兵单位。在确定空降部队的归属权时，各国军方几乎都发生过冲突。空军认为空降兵的运输、补给和火力支援都离不开空中力量，空降部队的归属权理应属于自己。不过在陆军看来，空降兵实际上是接受过专门训练的步兵，空降部队的行动也是为了支援地面部队推进，而飞机只是一种运输工具，因此该兵种必须成为陆军的一部分。

早期的空降部队大多是轻步兵单位，其组织结构紧凑。另外，由于战前部队规模有限、运输机数量不足，以及为了减轻地面集结和指挥压力，当时的空降部队人数往往十分有限。值得一提的是，早期的空降部队装备的多人操作式武器数量稀少，只能满足最基本的需要，而勤务保障力量更是几乎不存在，从而导致这些特殊部队必须严重依赖外部支援。根据当时的设想，一旦有作战需要，空降部队就要全体投入战场，而不用设置提供增援的后方基地和支援梯队。

## 空降团或空降旅

早期的空降团往往只下辖两个营（甚至每个连只下辖两个排，每个排只下辖两个班），这种编制和地面部队的“三三制”编制有很大差异。此外，为让全班士兵能进入同一架运输机或滑翔机，各国军队甚至缩小了每个班的规模。后来，随着空降部队的人员增加和空运能力的提升，空降部队下属单位的规模也开始扩大。大多数国家的空降部队最终也采用了“三三制”编制，这种编制能带来许多便利，包括在战术上具有灵活性，可预留一支预备队（即“两个分队在前，一个分队在后”）。而且，“三三制”编制也很契合传统步兵军官和士官所接受的战术训练内容。美军空降部队是最后一个采用“三三制”编制的空降部队，其伞降步兵连在1944年年底以前都只下辖两个排，其滑翔机步兵团在1944年中期以前也只下辖两个营。

1936年时，苏联空降兵旅下辖三个“集群”，包括一个伞降步兵“集群”、一个滑翔机步兵“集群”和一个机降步兵“集群”。当时，每个“集群”下辖两个营。[①]1941年，苏军修改了空降兵旅的编制（每个旅下辖四个伞兵营，各营均可利用滑翔机或飞机实施机降），从而提高了作战部署的灵活性。另外值得一提的是，各国军队对较大型的空降单位的称呼并不相同。美军一般称下辖多个营的单位为“团”或“大队”（Group），其中前者更为“正规”，而且经常被传统步兵单位采用。一般情况下，美军会在新组建三个营的同时成立一个团部。德国人也称下辖多个营的单位为团，而英国人则称这种单位为旅（这也是英军对此类部队的传统称呼）。日军称营级伞兵或滑翔机单位为“联队”，称下辖两个“联队”的旅级单位为“挺进团”。

早期空降兵单位的固有建制内往往只有少量通信和工兵单位，以及若干轻型多人操作式武器。在空降部队中，第一种出现的非步兵支援单位是工兵单位（主要负责执行爆破任务）。之后，各国空降部队还组建了通信单位和重武器（如轻型火炮、迫击炮、反坦克炮和高射炮）单位。

---

①原文如此，此处可能有误。以1936年的空降特种第3旅的编制为例，该旅麾下实际上有三个伞兵营和一个摩托机械化营（Мотомеханизированный батальон）。

在北非，美军第 509 伞降步兵团第 2 营的伞兵正在为跳伞做准备。值得一提的是，除了第 2 营以外，第 509 伞降步兵团的其他部队从未成军。后来，第 2 营被改编为第 509 伞降步兵营。请注意照片中收起的帆布制固定式开伞索。

## 空降师

各国军方高层一般不愿组建规模在团级以上的大型空降部队。在有些情况下，他们虽然知道建立更高级的指挥机构对空降部队的训练、规划、集结、支援和保障行动而言非常重要,但仍犹豫不决。另外,美国还曾考虑过组建空降“特遣部队”，即根据任务需要，将若干伞兵团和滑翔机步兵团编组在一起。不过，实践表明这种临时编制的效果很不好，而且根本无法保持行动连续性。

最初的空降师都是拼凑而成的，其战斗支援和勤务力量只能满足基本需求。按照设想，空降师欠缺的支援单位将通过借调的方式来补齐。这些早期空降师往往规模很小，其规模只有步兵师的一半至三分之二，且师里伞兵和滑翔机单位的比例差异很大。德军于 1938 年组建了历史上第一个伞兵师。经过发展，该师下辖三个伞兵团——必要时，这些团也可以利用滑翔机来进行机降。英军的第一个伞兵师组建于 1941 年年底，该师下辖一个机降旅和两个伞兵旅。美国人在 1942 年年初成立了第一批空降师（共两个），每个师下辖一个伞兵团和两个滑翔机团。上述各国空降师下辖的团或旅都可以临时调整并“吸收”其他单位。苏军的首个师级规模的空降部队（苏军称其为“军”）组建于 1941 年春，但实际上早在 1930 年，苏军就曾建议组建一个空中机动师。当时，苏军共有五个空降兵军，每个军都下辖三个旅和一个轻型坦克营，但几乎没有配备支援或勤务单位。营是空降部队中最重要的“战术梯队”。在 1940 年—1941 年期间，各国伞兵营的编制情况如下：

**英国伞兵营，1940 年编制（共计 530 名官兵）**

- 营部
- 营部连：
  - 连部
  - 迫击炮排（4 门 3 英寸迫击炮）
  - 通信排
  - 行政排
  - 情报班
- 步兵连（3 个）：
  - 连部

步兵排（3 个，每个排有 3 挺轻机枪和 1 门 2 英寸迫击炮）

**德国伞兵营，1940 年编制（共计 705 名官兵）**

营部

通信分队

步兵连（3 个）：

连部

步兵排（3 个，每个排有 3 挺轻机枪）

迫击炮分队（有 1 门 5 厘米迫击炮）

机枪连：

连部

机枪排（3 个，每个排有 3 挺重机枪）

迫击炮排（有 6 门 8 厘米迫击炮）

**苏联伞兵营，1940 年编制（共计 546 名官兵）**

营部

伞兵连（3 个）：

连部

步兵排（3 个，每个排有 3 挺轻机枪）

迫击炮排（有 6 门 50 毫米迫击炮）

控制班

侦察排

工兵排

通信排

补给排

医疗班

**美国陆军伞兵营，1941 年编制（共计 518 名官兵）**

营部和营部连：

连部排

通信排

补给排

医疗分队

步兵连（3 个）：

连部

步兵排（2 个，每个排有 2 挺轻机枪和 1 门 60 毫米迫击炮）

## 美国海军陆战队伞兵营，1941 年编制（共计 620 名官兵）

营部连：

连部

营部

爆破排

步兵连（3 个）：

连部

步兵排（3 个，每个排有 3 挺轻机枪和 1 门 60 毫米迫击炮）

## 日本陆军挺进联队，1941 年编制（共计 816 名官兵）①

联队本部

中队（3 个）：

中队本部（Company HQ）

小队（3 个，每个小队有 3 挺轻机枪，3 具 50 毫米掷弹筒）

作业中队②：

中队本部

小队（2 个）

①此处给出的实际上是日本陆军挺进联队在1943年时的编制。事实上，1941年时这种联队下辖1个联队本部和4个中队，每个中队下辖3个挺进小队和1个机关枪小队，全联队的总人数为773人。

②一种兼具工兵职能的步兵单位。

重火器中队：

中队本部

速射炮小队（4 门 37 毫米炮或 80 毫米迫击炮）

步兵炮小队（4 门 70 毫米步兵炮）

机关枪小队（2 挺重机枪）

**日本海军特别陆战队，1941 年编制（共计 750 名官兵）**

本部中队（HQ Company）：

中队本部

主计队

通信队

运输队

爆破队

医务队

工作队

司令小队

中队（3 个）：

中队本部

小队（3 个，每个排有 3 挺轻机枪和 4 具 50 毫米掷弹筒）

机关枪小队（2 挺重机枪）

滑翔机机降部队的编制与传统步兵部队类似，但前者的人数略少，武器也更轻型化。而且，滑翔机机降部队各下属单位的人数还会根据滑翔机的载员数量来进行调整。美军滑翔机步兵团只有两个营，每个营下辖三个连，每个连下辖两个步兵排。英国机降步兵营"更为强大"，一个营下辖四个连，每个连有四个排。苏军滑翔机步兵营和机降步兵营的编制与伞兵营相同，而且不久之后就全部被改编为伞兵部队。日军的营级滑翔机步兵单位是"滑空步兵联队"，其编制与"挺进联队"类似，但麾下没有重火器中队，而是配备了一个速射炮中队和一个山炮中队。

德军伞兵部队司令库尔特·斯图登特（Kurt Student）大将。他是德军伞兵部队的创始人，一直担任伞兵部队指挥官直到战争结束。虽然早在1924年，斯图登特就开始主持滑翔机培训课程（当时他还是一名年轻的魏玛国防军上尉），但令人惊讶的是，他从未获得过跳伞资质。在空降克里特岛的“水星”行动中，上级禁止他赶赴前线，甚至在第7航空师师长等几名高级军官伤亡后，他也不得不“远程”指挥战斗。1944年秋，在荷兰，他以充沛的精力和娴熟的技巧指挥了所谓的“第1伞兵集团军”。斯图登特说话慢条斯理，很容易被人轻视，但事实上，他是一位沉着冷静、深思熟虑的指挥官，而且乐意接纳新思想。

# 战场投送手段

运输机在空降部队中承担了多种不同的任务，包括：空投伞兵、补给和装备；牵引滑翔机；实施部队和物资机降等。

## 运输机

二战爆发前，各国很少开发运兵飞机，只有美国对这一领域进行过深入研究。空降部队最初配备的少量运输机的来源主要是改装轰炸机、改装民用运输机。改装自轰炸机的运输机存在多种问题，包括人员空间不足、跳伞舱口不合适、机身无法容纳大件货物、缺乏用于货物装卸的大型舱门等。另外，由于舱门尺寸较小，这些飞机无法利用降落伞空投大件货物。这导致只能将某些多人操作式武器拆分成小件空投。同样情况也出现在改装的民用运输机上，虽然它们可以用于运兵，但舱门同样极小，不利于伞兵出舱和装卸货物。另外，由于在设计时只考虑到了在条件良好的跑道上起降，这些飞机的结构也大多比较脆弱。

投送空降部队需要大量运输机。空投一个连的兵力，英军需要 12 架老式“惠特利”轰炸机，德军需要 13 架容克斯 Ju 52/3m 运输机。日军空投一个“挺进中队”需要 12 架一式货物输送机或一〇〇式输送机。美国海军陆战队空投一个伞兵营需要六个运输机中队，每个中队拥有 12 架 R4D（即 C-47）运输机。美国陆军空投一个伞兵连一般需要 9 或 10 架 C-47 运输机。当伞兵排在 1944 年扩编并增加了第 3 个班后，伞兵连所需的运输机数量也增加到了 13 架。另外值得一提的是，随着美援装备不断抵达英国，英军空降部队很快换装了 C-47，还给该机型起了一个绰号——“达科他”（Dakota）。

许多国家还用轰炸机来部分弥补运输机数量的不足。需要指出的是，“原装”轰炸机通常无法承担投送部队的任务，必须接受改装。但另一方面，“原装”轰炸机的炸弹舱或机翼挂架仍可以用于投放货物。而且，“原装”轰炸机本身还可以完成滑翔机牵引工作。轰炸机的另一大优势是航程比部分运输机更远。在执行运兵任务时，轰炸机上的大部分武器会被拆除，并不再配置枪炮射手。

部队的运输机单位必须接受专业训练，了解伞兵空投和滑翔机牵引作业。各国军队很快发现，运输机单位要想成功执行任务，必须在事先获得大量指导，并进行周密预演。

美制 C−47“空中列车”[又名“笨鸟”(Gooney Bird)]是战前的道格拉斯 DC−3 客机的改进型，也是二战盟军空运的主力，更是盟军取得胜利的大功臣。在空降部队中，它承担着空投伞兵和物资、牵引滑翔机，以及空运部队、装备和补给等多种任务。英国人称 C−47 为“达科他”，美国海军陆战队称 C−47 为“R4D”。苏军在获得授权后生产了仿制版 C−47，即里 −2。1942 年之后，苏军在大部分空降作战中直接使用了西方盟国援助的原版 C−47。C−47 可以运载 28 名普通士兵或 19—25 名伞兵。

容克斯 Ju 52/3m 三引擎飞机绰号“容克大婶”(Tante Ju)、“钢铁老太婆”(Alte Eisene Tante)或“容杜拉”(Judura)。容克斯 Ju 52 系列飞机是德军空降部队的主力伞兵运输机、牵引机和货运飞机。容克斯 Ju 52/3m 可以搭载 12—13 名伞兵或 17 名普通士兵。1930 年，容克斯 Ju 52 作为客机投入使用。1934 年，容克斯 Ju 52/3m 被当时秘密组建的德国空军改装为轰炸机。1935 年，德军对该机进行了升级，为其配备了功率更大的发动机和更坚固的起落架。在整个战争期间，该机一直作为军用运输机承担着多种任务。值得一提的是，在二战中，德军的运输机部队被称为“特种战斗群”(KGrzbV)，后来在 1943 年 5 月被改编为运输机大队(Transport Geschwader)。(私人收藏)

## 滑翔机

运动滑翔机和训练滑翔机体型小巧、机身呈流线型，这两种制造材料轻盈且脆弱的滑翔机只能容纳一两个人，还经受不起粗暴操作。至于运兵或货运滑翔机，就没这么“娇贵”了，它们必须在配备 1 名到 2 名机组人员的同时，容纳至少一个全副武装的步兵班或一门重武器（含配套弹药），甚至是一部轻型车辆和若干货物。运兵或货运滑翔机必须足够轻巧和坚固——它们不仅要尽量运载更多的人员或货物，还要能在条件恶劣的着陆区降落（当地地面往往会坑洼不平，并有树木、树篱，甚至是人工障碍物阻挡）。因为在执行过一次作战任务后，大部分运兵或货运滑翔机将难以回收使用，所以其造价必须低廉。另外，这类滑翔机的生产线和原材料也不能与重点作战机型和牵引机“发生冲突”。也就是说，这类滑翔机必须兼具轻盈、廉价、坚固、生存力强和运载量大等特点——这导致其设计极具挑战性。大多数运兵或货运滑翔机的框架都采用木材或铝管制造，并配有胶合板或织物蒙皮，其机身大多采用了盒式或长圆柱体设计，两翼宽大厚实，重量一般为 3—8 吨。设计师会利用巧妙的设计来让这类滑翔机拥有必要的结构强度。

在气流的影响下，滑翔机上的人员就像在乘坐一匹烈马。不仅如此，滑翔机还经常在牵引机尾流的冲击下上下翻腾。有时，滑翔机飞行员可以通过外部通信系统与牵引机联络，但在更多的情况下，飞行员将通过手臂、旗帜或灯光来传递各种指令和放飞信号。虽然牵引索既可以由牵引机切断也可以由滑翔机切断，但滑翔机的放飞地点通常由牵引机飞行员决定。至于寻找着陆区的工作，则由滑翔机飞行员来完成。由于着陆区很快就会被大量滑翔机“塞满”，因此滑翔机飞行员还必须精确选出一个适宜降落的地点。

滑翔机不仅可以运送突击部队，还可以运送重武器、轻型车辆、弹药、食物、水和医疗物资。由于牵引机数量不足，有些国家还进行过先让滑翔机实施机降，然后再从牵引机上空投伞兵的测试。虽然测试取得了成功，但这种做法从未用于实战。为了“节省”牵引机，有些国家还会在一架运输机或轰炸机后面串列牵引两三架滑翔机——这种做法会缩短牵引机的航程，并导致发生空中碰撞事故。在二战中，滑翔机从未如人们预想的那样得到大量使用。虽然有些情况适合滑翔机机降，但各国军队经常没有数量充足的滑翔机，而且将大量滑翔机运往战区也并非易事。另外，还有一些滑翔机会在高强度训练中受损。

英国空速有限公司（Airspeed）的“霍萨”（Horsa）滑翔机设计独特，其机翼后方的机身和尾翼可以拆卸。即使滑翔机在着陆时被损坏，部队仍然可以从中回收装备。本照片是于 1944 年 9 月在阿纳姆附近拍摄的，士兵们拆除了这架“霍萨”滑翔机的尾翼组件，以便运载的吉普车和拖车驶离。至于士兵和体积不大的货物，则可以通过驾驶舱后方的侧门（位于照片中这辆吉普车的挡风玻璃上方附近）进出。每架“霍萨”滑翔机可搭载 25 名士兵或一门反坦克炮。

滑翔机机降极为危险，很多人因此而丧生。在本照片中，一架“霍萨”滑翔机机腹朝天，旁边躺着一些来自美军第 101 空降师的阵亡士兵。滑翔机在着陆时可能会被自然或人工障碍物撞毁，或者因轮子陷入松软地面而倾覆（因此许多滑翔机会在起飞时抛弃承载轮，使用滑橇着陆）。

在二战中期，德军推出了哥达 Go 242 滑翔机。该机采用了双尾撑设计，并在两个尾撑之间设置了一个机尾舱门。Go 242 的载重量接近 5600 磅，可搭载 21 名乘客。在战争中，该机几乎全部被用于执行货运任务。德军经常用滑翔机在后方地区运送货物；同样，日军也经常使用日本国际航空工业会社（Kokusai）推出的 Ku-8 滑翔机从本土向菲律宾运送关键设备和零部件。（私人收藏）

在埃本－埃马尔要塞和克里特岛，德军用于突击机降的滑翔机机型是 DFS 230。该机的尺寸较小，只能搭载八名全副武装的士兵和一名飞行员。DFS 230 的载重量不到 4500 磅，而且其装载舱门的大小有限，无法运载重型装备。（私人收藏）

典型的运兵或货运滑翔机可以运载一个班的士兵（8—14 人），但有些机型的人员运载数量可以达到上述数量的两倍。此外，各国还在研发大型货运滑翔机，以便运送重型装备（如火炮、车辆，甚至是轻型坦克等）。不过，这些大型滑翔机服役后，人们发现它们的飞行性能很差，且难以在地面坑洼不平的着陆区降落。还有一些国家研制了超重型滑翔机——它们需要两架或三架飞机牵引（多架飞机相连后很难操纵，这样做极容易引发灾难性事故）。

德国和日本将滑翔机飞行员编入专门单位，并将其配属给牵引机部队。在美军中，滑翔机飞行员一般会被编组在一起，并充当运输机部队的编外加强人员。英国将滑翔机飞行员单位配属给空降师，与牵引机部队协同完成任务——降落后，滑翔机飞行员会组成“步兵分队”，负责协助保卫空降场。与英国不一样，美国不仅始终没有为滑翔机飞行员制订详尽的地面任务计划，还要求他们尽早从战场上撤离。

空降作战对运输机和滑翔机的需求几乎是个无底洞，就连经过长期策划的重大行动也不例外。运输机和滑翔机的产能总是跟不上需求（尤其是运输机），而且其需求量及损失量似乎总是会超过预期。另外，运输机和滑翔机的生产优先顺序也不如作战飞机（甚至还比不上教练机）。雪上加霜的是，在作战行动中，总有一些运输机遭遇机械故障、发生事故或不幸被敌方火力击落，无法投入后续波次的空降和补给行动，以及人员和重武器机降行动。实际上，在不少作战行动中，运输机甚至很难满足第一波空投要求。

## 降落伞

最初，伞兵部队装备了标准的背包式飞行员应急降落伞。在跳伞时，伞兵必须手动开伞——这不仅需要一定空投高度，还需要伞兵接受专门的训练并具有较强的平衡能力（携带沉重作战装备的伞兵很难保持平衡）。尽管如此，苏军直到 20 世纪 30 年代末依然在使用这种降落伞。与此同时，人们发现苏军还会采用一种特殊的跳伞方法，即打开备用伞和主伞，利用双伞降落。虽然此举有助于保持稳定，却不利于控制方向。而且，两顶降落伞容易相互纠缠，引发致命事故。不过，这种跳伞方法似乎只被用于“表演”或训练。

后来，所有国家都研发了空降部队专用的降落伞。这些降落伞一般包括一顶主伞和一顶备用伞——分别位于伞兵背后和胸前。备用伞的直径略小于主伞，主要通过拉绳开启。与备用伞不同，主伞是通过固定开伞索（一端连接着一根大约 15 英尺长的织带或绳索，另一端扣在一根纵贯载员舱的钢管上）开启的。伞兵跳出飞机时，固定开伞索会把降落伞（主伞）从伞包中“拖出”。当降落伞充分打开后，轻质连接线会立即绷断，使开伞索与降落伞分离。这一整套动作只需要几秒钟就能完成。

德国、意大利和英国从未给伞兵提供备用伞包，而其他国家也偶尔会在行动中弃用这种装备。由于飞机在空投伞兵时的高度一般都比较低，伞兵的主伞一旦失灵，他几乎没有时间打开备用伞。换言之，备用伞只会给伞兵们增加额外的负担。另外值得一提的是，专用降落伞装具配有多个扣环以固定装备（部分型号还配备了快速解脱装置）。

降落伞的直径大多为 22—28 英尺，通常以丝绸（这是一种非常理想的制伞材料）制成。在太平洋战争爆发后，大多数国家难以获取丝绸，只能转而使用人造丝。二战末期，美国人开始使用尼龙来制造降落伞——事实证明尼龙的性能优于丝绸。

一开始，降落伞通常是白色的，但人们很快就发现，遗留在地面上或挂在树上的白色降落伞（由于时间紧迫，伞兵们有时候可能无法回收降落伞，更无暇把它们和其他装备一同从空投区移走）很容易吸引敌方战斗机飞行员的注意，甚至可能“泄露”空降部队的规模。因此，白色降落伞后来大多被用于新兵训练（英国人还使用了黄色降落伞）和装备预备队。后来，德军改用了四色迷彩降落伞，英军改用了暗绿色和黑色迷彩降落伞，而美军则使用了纯草绿色或三色迷彩降落伞（值得一提的是，美军有时候还是会使用白色主伞）。至于苏军和日军的降落伞，则一直都是白色的。

各国还开发了不同尺寸的货物降落伞（可通过固定开伞索开启），用于空投武器和货物容器。这类降落伞大多属于“一次性”物品，造价非常低廉。大多数国家的货物降落伞都有多种颜色，可以帮助部队区分投放物品的类别（如武器、弹药、通信设备、口粮、水或医疗物资）。

*美军伞兵正在相互帮助固定装备，他们身穿的 M1943 战斗服表明，这张照片可能拍摄于 1944 年 6 月以后。在美军装备的 T–5 降落伞系统中，备用伞包位于身体前方。照片中间的这名伞兵还在备用伞包前方携带了一个 M1936 小挎包和一支 0.45 英寸“汤普森”M1 冲锋枪（弹匣用胶带捆绑在枪身上）。另外值得一提的是，照片左侧的伞兵在枪套内携带了一支带折叠式枪托的 0.30 英寸 M1A1 卡宾枪，并在脚踝部位固定了一把 M3 战壕刀。照片右侧的伞兵在枪套内装了一把 0.45 英寸柯尔特 M1911A1 手枪。*

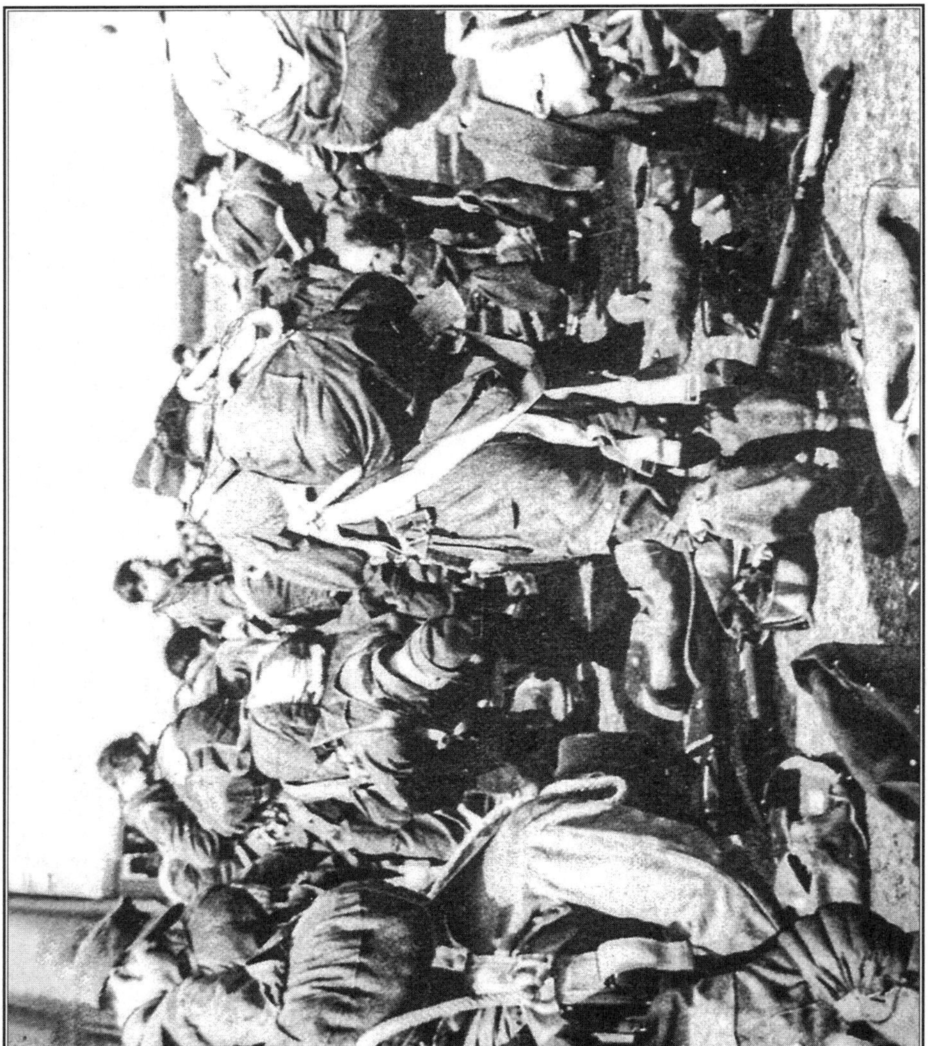

携带 RZ 降落伞的德国伞兵。该系列降落伞的开伞速度极快——在克里特岛，德军有一次空投高度仅为 250 英尺，但没有伞兵因此受伤。尽管如此，RZ 降落伞在伞具和伞绳的设计方面都不如盟军的同类产品。以意大利“救助者”（Salvatore）降落伞早期型为基础设计的 RZ 系列降落伞，所有的伞绳都连接在背部靠下的两个点上。这会让伞兵无法在空中控制方向，并有可能导致脸部先着地。照片中的一位伞兵佩戴了大檐野战帽——这种帽子直到 1943 年中期才列装部队，因此我们推测这些伞兵只是在接受训练。另外，照片左下方的伞兵装备了橡胶护膝。值得一提的是，在当时的德军伞兵中，携带步枪和冲锋枪跳伞的情况已相当普遍。

对于伞兵而言，电话线、电线和电线杆比树木更危险。本照片拍摄于1945年3月美国第17空降师飞越莱茵河期间，照片中的降落伞似乎是货物降落伞。值得注意的是，这些降落伞有着不同的颜色。

# 武器装备

空降部队的武器和装备必须结构紧凑、重量轻且坚固耐用。此外，它们应尽量使用制式零件。值得一提的是，空降部队有时会对武器和装备进行简单改装。

## 轻武器和班组武器

一般来说，空降部队的规模都不会太大。鉴于投入和回报问题，各国“只会在绝对必要时为空降部队开发专用武器”。事实上，各国通常都会为空降部队配发常规武器——这可以降低后勤系统的负担，方便训练，避免特制武器破坏标准化生产，并“消除对特殊修理用零部件的额外需求”。如果空降部队确实需要一种结构更紧凑的武器，各国也很少专门启动研发项目，而是会对制式武器进行改造（如采用折叠式枪托）。在多人操作式武器方面，各国有时不会为空降兵提供现有制式武器，而是会为他们提供某些旧式武器——这些武器虽然性能较差，但胜在重量较轻。在另一些情况下，空降兵们还会获得某些特种武器，例如山炮、驮载式榴弹炮和步兵炮等。这些武器在设计时就已经考虑了重量轻、结构紧凑，以及便于拆解供人员或牲畜携带等问题。

起初，人们认为步枪等单兵武器的体积过大，不适合在跳伞时随身携带。这种看法确实有一定道理，因为在跳伞时，这类武器会带来安全隐患，例如在开伞时缠住降落伞或在伞兵进行翻滚式“硬着陆”（伞兵采用这种落地方式，主要是因为当时的降落伞的设计问题）时使其受伤。因此，早期的伞兵在跳伞时一般只随身携带一支手枪和几枚手榴弹，而其他单兵武器则经常与弹药、补给物资一同储存在空投容器中。另一方面，虽然冲锋枪比步枪更重，但由于结构紧凑，因此其部分型号——尤其是采用折叠式枪托的冲锋枪（如德制 MP38/40 系列冲锋枪）——仍可以由伞兵在跳伞时携带。另外，还有一些枪械的枪托可以拆卸（例如英制“斯登”冲锋枪），所以它们也能在“部分分解”的情况下随伞兵一起空投。另外值得一提的是美制 M1 步枪——该枪可以轻易拆分为两部分，并一起装在带软垫的枪套中，由伞兵随身携带。不过，当时大多数国家列装的制式栓动式步枪都很难像 M1 步枪一样拆解。虽然这些步枪通常采用一体式枪托，但有些伞兵还是会携带它们，并取得了不同程度的成功。一般来说，伞兵通常会将可拆卸式武

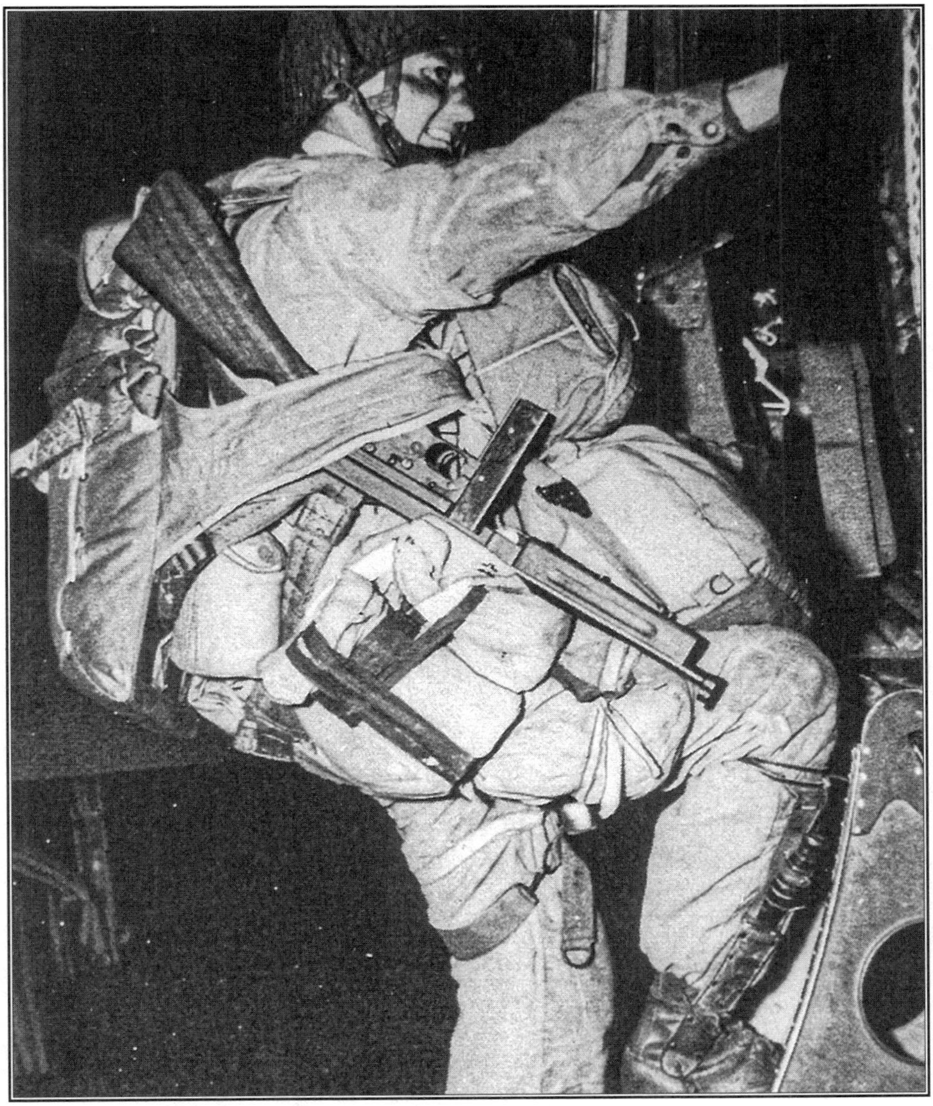

这张照片展示了美国伞兵在“诺曼底空降”期间携带的全套装备。照片中的这名伞兵胸前挂着的是备用伞包，在它下面是一个充当战斗背包的小挎包（里面装有口粮和盥洗用品等小件物品）。另外，在这名伞兵臀部还挂着一个装有炸药和子弹的挎包。注意看，他还在 T-5 降落伞系统的腰带中插着一把“汤普森”M1 冲锋枪（降落伞迅速打开时，这把冲锋枪会撞击他的胸口）。第 101 空降师的一名伞兵回忆说，他跳伞时携带了“充气式救生衣（Mae West）、步枪、0.45 英寸自动手枪、战壕刀、伞兵刀（Jump Knife）、猎刀、大砍刀、一条子弹带、两卷绷带、两盒机枪子弹（共计 676 发）……66 发 0.45 英寸子弹、一枚霍金斯地雷（Hawkins mine）……四块 TNT 炸药、一把工兵铲……三个急救包、两支吗啡、一个防毒面具、一壶水、三天的 K 口粮、两天的 D 口粮……六枚破片手榴弹、一枚加蒙手榴弹（Gammon grenade）、一枚橙色烟幕弹、一枚红色烟幕弹、一块橙色信号布、一条毯子、一件雨衣、一套换洗的袜子和内衣、两盒香烟，以及一些其他零碎物品”。

器固定在身体前方、备用伞包上方，以便让自己和武器获得更多“保护”。至于将武器固定在降落伞装具内侧，则是一种错误做法，因为开伞时产生的冲击力会让武器撞击伞兵的胸口。

日军在九九式制式步枪的基础上为伞兵开发了一种可拆卸的步枪。该步枪的枪身可拆分为两段，并可通过一根插销固定。但事实证明，这种枪身结构并不牢固。美国人列装了一款配有金属折叠枪托的 M1 卡宾枪。以上两种步枪是除冲锋枪外，仅有的两款列装空降部队的枪身可拆卸或采用折叠式枪托的单兵武器。其他国家的空降部队都直接列装了制式步枪，并为它们研发了可以固定在伞兵身体侧面的伞降枪套（空投时，当降落伞打开后，该枪套将借助一根短绳悬垂在伞兵身体下方，从而避免伞兵在着陆时被武器碰伤）。这种枪套内有衬垫，可以同时保护伞兵和武器。

*抵御坦克的攻击是伞兵要面对的一大问题。在最糟糕的情况下，他们将在一片混乱中尝试集结，但却没有重武器可用。如果这时他们遭到敌军装甲部队的攻击，就将面临灭顶之灾。但幸运的是，这种情况在二战中从未发生过。本照片是于 1945 年 2 月在科雷吉多尔岛（Corregidor）拍摄的，照片中这名美军第 503 伞降步兵团的士兵正在用 2.36 英寸 M9 火箭筒开火。*

机枪和自动步枪的情况完全不同。虽然机枪一般都可以被拆解，但它们通常十分沉重且体积较大。因此，空投时必须将机枪存放在专门的容器中（空投迫击炮时，也要这样做）。有些机枪采用了可快速更换枪管的设计（例如英制“布伦”轻机枪和德制 MG34 机枪），因此可以将其存放在紧凑型容器中由伞兵携带。此外，日军也以标准型九九式轻机枪为基础研发了一种可拆卸的轻机枪。

携带反坦克武器，对伞兵来说是一大难题。二战初期，大多数国家都在使用反坦克步枪——这种武器很笨重，难以操作，无法拆解，甚至不适合随容器一起空投。美军的“巴祖卡”火箭筒的体积也很大，但因其重量较轻，勉强可以空投。后来，随着可拆卸版“巴祖卡”的出现，空投该武器的问题也得到了解决。

空降部队（特别是伞兵部队）只装备轻武器（这一点在某种程度上与其最初被视为突击队有关），作为“补偿”，他们也获得了大量冲锋枪和轻机枪。由于空降兵经常被迫四散开来，分成小股部队作战，因此这些武器给他们带来了很大的帮助。另外，空降兵还配备了大量手榴弹、枪榴弹和爆炸物。为了弥补反坦克武器数量的不足，他们还获得了许多反坦克手雷和地雷，只是这些替代武器的效果并不理想。匕首或刺刀也是空降部队的必需品。另外，空降兵不仅要熟练使用自己所属的部队列装的各种武器，还需要学会使用敌军的装备。

## 支援武器

虽然重型武器（例如反坦克炮、轻型火炮和无后坐力炮等多人操作式武器）在理论上都可以伞降，但它们需要占用飞机大量内部空间。而且，在空投时必须将这些武器分解为许多零件（当时拥有尾部舱门的运输机还没有出现），并装在特制容器或大包中。重型武器配套的炮瞄设备和弹药也将随着武器本身一起空投，这就意味着空降部队必须在空投区内耗费大量精力搜罗、转移和收拢其容器。不仅如此，有些火炮的零部件还可能在空投时丢失或受损。一般情况下，空降部队只会空投少量此类多人操作式武器，更多的同类武器则会用滑翔机或运输机运抵战场。

空降部队装备的远程火炮和重型迫击炮数量有限，这不仅限制了他们在发起地面进攻时可以获得的火力支援规模，还影响了其防御火力和火炮或迫击炮的反制能力。美军和英军空降部队一般会装备 75 毫米榴弹炮——它们结构紧凑，可以轻易拆解为七个部分。德军伞兵装备了紧凑型山炮和步兵炮（日军空降部队的装备与德军相似）。另外，德军伞兵还拥有少量无后坐力炮（即德国人所说的“轻型火炮”）。在迫击炮方面，各国空降部队一般会装备小口径（50毫米或60毫米）和中口径（81毫米或82毫米）的迫击炮，它们可以被拆分为紧凑的小型部件，以便空投和人力携带。

空投容器通常被固定在机翼下方的挂架上或轰炸机的弹舱中。此外，有的部队还会直接将空投容器从舱门处推出，然后再让伞兵跳伞——此举可能导致人员和装备相互分散。相比之下，更高效的方法是利用外部挂架来空投这些容器，同时让伞兵从舱门处跳伞（这样做的缺点是可能导致伞兵与容器在半空中相撞）。空投容器一般由多种材料制造而成，这些材料包括铝、胶合板、藤条和带衬垫的帆布等。为了让士兵能够快速识别空投容器里装的是什么物品，这些容器外部通常涂有特定的颜色或标号（不会使用迷彩色，以免妨碍搜寻）。空投容器内部的货物必须用软垫加以保护，并且整个容器底部也要增加一个衬垫或自溃式减震垫。空投容器的尺寸和重量“必须符合所用挂架和降落伞的要求”，而且最好能在地面由两人（最多四人）搬动，以方便部队回收。一些空投容器上安装有可拆卸式小轮，可由伞兵拖离空投区，但如果碰到坑洼地形，这些小轮就会变得毫无用处。有时候，伞兵们也会直接携带装有多人操作式武器零部件或物资的空投容器跳伞。由于“身负重担”，这些携带空投容器的伞兵很难在颠簸拥挤的机舱内快速移动，因此他们会在舱门附近就位。在出舱时，他们实际上更像是“摔出”飞机而不是“跳出”飞机的。“摔出”飞机后，随着降落伞打开，上述空投容器将脱离伞兵的身体，仅依靠一根绳索悬垂在伞兵身体下方。

着陆后，空降部队可能会因空袭而蒙受重大损失，因此防空武器对他们而言极为重要。不过，防空武器往往体积庞大且沉重，还需要大量弹药。一般来说，空降兵只能配备带高射支架的小口径机关炮和重机枪（大多数这类武器都是用滑翔机或运输机运抵战场的）。有些国家还试图让空降兵用防空武器来承担反坦克任务，但防空武器的口径太小，很难胜任此类任务。

在美军中，每个空降师的“防空营”实际上拥有两个防空连（配备0.50英寸M2机枪，后来换装了40毫米高射炮）和两个反坦克连（装备57毫米M1反坦克炮，该火炮实际上是美国获得授权生产的英制6磅反坦克炮。另外值得一提的是，后来美军发现英制6磅反坦克炮在设计上更适合用滑翔机运输，因此又为空降师配发了这种反坦克炮）。

一些国家还试图研制空运式轻型装甲车辆，并认为轻型坦克可以在攻防行动中给空降部队带来巨大优势——哪怕它们的数量很少。但这些国家研究的并不是“可空投的坦克”，而是“可搭乘重型滑翔机或运输机着陆的超轻型或轻型坦克”（比如英国研发了“旋翼坦克”，而苏军则设计了“滑翔翼坦克”）。不过，这些坦克的装甲非常薄，火力非常弱，既无法抵挡敌方坦克和反坦克武器的攻击，也无法给敌方造成什么伤害，战场价值十分有限。最终，此类坦克只搭乘滑翔机参加了少数几场战斗，而且其投入战场的时间都很短。例如，在“D”日（即诺曼底登陆当天），英国第6空降师获得了八辆 Mk Ⅶ“小领主”轻型坦克［搭乘“哈米尔卡”（Hamilcar）滑翔机抵达战场］。

英军的“小领主”轻型坦克正在驶离“哈米尔卡”滑翔机。该坦克来自第6空降师下辖的装甲侦察团。“哈米尔卡”是盟军制造的最大的滑翔机，并且专门为运输“小领主”做了改装。“哈米尔卡”的翼展为150英尺，空载重量为16吨，有效载重量为7.8英吨，内部可装下一辆轻型坦克或两辆“通用装甲车”（即布伦机枪运载车），或者一门25磅榴弹炮。部分“小领主”（配备2磅坦克炮）曾参加过诺曼底登陆。在兰维尔（Ranville）附近，这些坦克经历了险象环生的着陆，并为友军提供了一定支援，最后被从海路抵达的“克伦威尔”中型坦克（配备75毫米坦克炮）所取代。在盟军于1945年3月飞越莱茵河时，一些“小领主”坦克也投入了战斗，同时美军也使用了一种类似的坦克，即配备37毫米坦克炮的M22“蝗虫”（Locust）坦克。由于坦克的重量很重、运载隐患大，滑翔机在飞行和降落时的风险很大。不仅如此，这类坦克的作战能力也相当有限，和军方投入的人力与物力不成正比。

采用 M8 炮架的 75 毫米 M1A1 驮载式榴弹炮，是美军和英军伞降炮兵的标准装备。美军伞降野战炮兵营（Field Artillery Battalion）下辖三个连，每个连拥有四门火炮；滑翔机野战炮兵营下辖两个连，每个连拥有六门火炮。一般来说，这种火炮的数量可以满足一个团的火力支援需求（一个伞降步兵团下辖三个营，一个滑翔机步兵团下辖两个营。也就是说，每个营都可以得到一个炮兵连的火力支援）。

美军伞降炮兵正在进行战前准备，以便把装有 75 毫米 M1A1 驮载式榴弹炮的容器固定在机翼下。通常情况下，运输机将先空投这些容器，然后再投放伞兵，以便后者能看到容器的着陆地点（至少在理论上是如此）。照片中的这些装有榴弹炮零部件的容器，尺寸比一般的空投补给的容器更大。

总之，空降部队使用的武器都具备两个特点：数量有限、重量较轻。在让空降兵作为普通步兵参战时，他们需要得到额外的战斗支援单位（如反坦克炮、防空和装甲部队）加强。其中一个例子是诺曼底战役中的第 82 空降师。该师最初配备了 75 毫米驮载式榴弹炮，但当“海运梯队”抵达后，这些火炮便被 105 毫米榴弹炮所取代了。随着时间的推移，各国军队意识到，空降部队最终还是会参加常规地面战斗，这导致他们的武器开始逐渐“重型化”，武器数量也有所增加。

## 其他装备

与武器相比，空降部队在其他装备领域的“特种化”程度更高。

通信联络是一个极为重要的领域。在二战时期，各国的电台都非常沉重、庞大，且容易损坏。此外，当时的电台不仅通信距离有限，信号传输也不稳定。能收发摩尔斯电码的远程电台比普通电台更加笨拙，其配备的电池或发电机都非常沉重。如果使用的是由电池供电的电台，通信兵还需要携带备用电池。在使用电台前，部队还需要先把电台配备的长钢索式天线立起来。也就是说，上述电台无法在移动中操作，完全不符合空降部队的战术特点。直到二战末期，便携式电台才真正问世，但并未广泛列装空降部队。另外，部队内部的无线电通信对指挥而言非常重要。事实上，由于空降部队的下属单位会在着陆后分散到各地，如果没有良好的通信，他们将很难协调集结。在空降部队中，野战电话的用处有限——野战电话只有在部队集结并建立起防御阵地之后才能发挥作用。无线电的重要性还体现在空地联络上，空降兵需要用它呼叫和协调近距离空中支援，以及物资和增援的投放。

有些情况下，空降部队还会在地面上铺设信号布，用来标记自身位置及传递简单信息。但在夜间、气候恶劣（如下雨、大雾、下雪或沙尘天气）或形势快速变化时，这种通信方式的作用有限。有些空降部队会用降落伞来充当信号布，还有一些空降部队会用国旗和彩带来标记自身位置，以防止被友军飞机误击。信号弹和彩色烟幕弹的使用范围也很广泛，但用它们来传递信息存在一些局限性。有时候，空降部队还会用信号灯来传送简单信息和摩尔斯代码。在有些情况下，他们甚至会使用信鸽。另外，空降部队还可能会使用少量车辆来搭载远程和空地联络电台，以满足指挥组的需求。由于空降部队的通信方式存在局限性且可靠性不佳，高层指挥机构经常对地面形势一无所知，既不了解行动的成败，也不了解空降部队是否需要补给。为解决这一问题，高层指挥机构有时会向空降场派出联络（观测）机。这些飞机可以在简易跑道或空地上降落，并把相关信息带回高层指挥机构。

作为先遣空降人员，空降引导员会使用多种手段来标记空投区。这些手段包括使用无线电信标、信号灯、彩色信号弹、彩色烟幕弹、篝火，以及将彩色信号布排成预定的形状或字母等。此外，第一批落地的空降兵也会用同样的方法为后续空降的人员标记空投区或着陆区。在有些情况下，空降部队甚至会点燃整栋建筑，或者让轰炸机在指定地点投放燃烧弹来作为引导标志。不仅如此，他们还会为警告友军飞机、取消空投、改变空投区或着陆区规定专用信号。

空降部队的另一个主要弱点是机动性不足。虽然空降部队在战略层面拥有“前所未有的行动范围和行动速度”，但一旦落地，他们的机动性就与步兵无异了。虽然人们普遍认为空降部队“机动性强且致命”，但事实上，在跳伞投入战斗后，单个伞兵的负重甚至比传统步兵更重。普通步兵可以获得来自附近补给点的后勤支援，并拥有一些战术运输车辆，可伞兵却需要自行携带一切装备和补给（而且这种情况会持续数天之久）。一般来说，伞兵需要携带弹药（包括一部分多人操作式武器的弹药）、地雷、炸药、电台电池、口粮、药品、水，以及其他各种必需品。有时候，他们还会根据具体情况就地收集各种物资。

空降部队的火炮一般会搭乘滑翔机或运输机抵达战场。但由于条件所限，各国往往无法空运配套的牵引卡车（甚至连轻型卡车也无法空运）。事实上，当时各国根本无法空运比吉普车更大的车辆。伞兵部队的车辆往往数量非常有限，但它们对牵引火炮和反坦克炮，以及运输弹药而言都至关重要。由于数量不足以做到“专车专用”，这些车辆经常需要同时“为多件重武器服务”。在部队前进期间，这种情况既极大地限制了武器的“前移能力”，也导致部队无法将武器部署到需要的地方。这对于反坦克武器而言是非常不利的——因为它们必须不断迅速转移阵地，以便应对各种威胁（比如在后备开火阵地之间不断转移，以确保自身安全）。雪上加霜的是，只有最重型的货运滑翔机才能同时容纳火炮及其牵引车辆，大部分滑翔机都只能运送一件重武器或一辆车。

对于空降部队而言，缴获的军用车辆和征用的民用车辆（甚至是马车）都

在美英两国的空降部队中，美制 0.25 吨吉普车不仅是远程火炮和反坦克炮的主要牵引车，还“为空降师提供了大部分机动能力”。在本照片中，一辆吉普车正在驶离美军装备的英制“霍萨”滑翔机。尽管“霍萨”滑翔机在设计时并未考虑过运输吉普车，但人们发现它刚好能满足这一要求。

这种小巧的推土机可以由运输机或重型滑翔机搭载，但在修复被占领的机场时，它只能为空降工兵完成最基本的推土任务。照片中这辆推土机隶属于第 101 空降师的第 326 空降工兵营。

非常宝贵，因此需要将如何获取这些“装备”纳入相关规划。但事实上，空降部队获得的此类车辆总是数量不足。有时候，空降部队还会用降落伞或滑翔机来空投摩托车、机动脚踏车和自行车——它们对传令兵和侦察兵非常有用，但却无法改善部队整体机动性。此外，有些国家还尝试装备了折叠式手推车，但和带可拆卸式小轮的空投容器一样，这些手推车的作用也相当有限。

缺乏工兵装备也是空降部队的一大短板。空降工兵突破障碍、支援突击或完成各种修建任务的能力都非常有限，其关键任务是修复被占领的机场。不过，就算当地的跑道足以供机动工程设备着陆，空降工兵们还是经常没有合适的装备可用。在二战时期，轻型压路机等机动工程设备可以通过空运的方式运抵目的地，但更重型的设备（例如平地机、自卸卡车、挖掘机等）仍需要通过陆路运送。

# 后期理论

在1941年入侵克里特岛期间，德军向世界展示了其在执行空降作战任务方面的雄心。德军在这次行动中，投入了一个下辖四个团的空降师。在战斗中，德军采用了“墨滴”战术，即以营、连，甚至排为单位，将空降部队分散空投到多个区域，以求夺取多个目标。这种做法完全背离了德军通行的战术条令[强调在主攻方向（即所谓的“重心”）集结兵力]，反而更贴近拿破仑的观点，即“先到处与敌交战，然后再确定如何行事”。在荷兰和比利时，德军面对陷入混乱且抵抗

*1941年5月，德国空军开始接收巨大的Me 321“巨人”滑翔机，该机最初被计划用于入侵英国。Me 321的有效载重量为22吨，可运载120名全副武装的士兵（在执行紧急疏散任务时最多可运载200人）或一门8.8厘米炮。不过，该机没有参加克里特岛战役。1942年11月，Me 321的改进型——Me 323D“猛犸”——列装部队，加入了第323特种战斗群第1大队。Me 323D配有六台发动机，主要充当战略运输机，可运载约15吨重的物资。1943年4月，第323特种战斗群第1大队从意大利的波米利亚诺（Pomigliano）起飞，试图为突尼斯的轴心国部队提供物资，但遭遇英联邦国家空军战斗机拦截，损失惨重。德军还在1944年推出了Me 323E——该机可运载近30吨重的物资。尽管在整个战争期间，Me 323E曾被用于地中海和苏联战场，但从未充当过空降部队的专用装备。（私人收藏）*

虽然在克里特岛战役后，德国伞兵便再也没有参与过大规模空降作战，但其身影仍然活跃在前线的各个角落。在本照片中，这名身着热带制服的德国伞兵，正准备勘察北非沙漠中的雷区。这名伞兵身上的望远镜和信号枪显示，他似乎是一名军士。这名伞兵来自“拉姆克”伞兵旅——由伯恩哈德·拉姆克（Bernhard Ramcke）少将指挥。在克里特岛战役中，拉姆克少将曾担任西部集群（Group West）指挥官，他接替了在马莱迈（Maleme）受伤的欧根·迈因德尔（Eugen Meindl）少将，带领部队赢得了胜利。“拉姆克”伞兵旅组建于希腊，在 1942 年 7 月—8 月被空运到了利比亚，作为步兵增援友军。该旅下辖四个步兵营、一个炮兵营、一个反坦克连和一个工兵连。1942 年 10 月，该旅在阿拉曼防线南端陷入激战，但最终成功撤退，还在沿途俘虏了一支英国补给车队。1943 年 5 月，该旅残部在突尼斯投降。

轻微的对手，取得了成功。不过，在克里特岛，德军则付出了重大代价。虽然驻守该岛的英联邦国家军队兵力不强、组织不力，但德军仍损失了大约 6000 人，其中包括机组人员和被英国皇家海军拦截的准备登陆的士兵。在此战中，德国伞兵阵亡了 3764 人，相当于该国伞兵部队总人数的五分之一。另外，德国还有大约 350 架飞机被击毁，其中包括 152 架宝贵的运输机。

由于害怕重蹈覆辙，德军取消了对马耳他岛的空降作战计划。由于英军潜艇和飞机频繁从该岛出动，打击通往北非的轴心国后勤补给线，这一决定对北非战场产生了致命影响。在克里特岛战役后，德军又组织过六次空降作战[①]，但其中只有一次行动投入的兵力超过了一个营的规模——德军于 1943 年 7 月在西西里岛投入了第 3 伞兵团、第 4 伞兵团，以及一个机枪营和一个工兵营（这些部队被分批空投到了该岛上）。德军发起的其他几次空降作战都属于特种作战：一次是在意大利转换阵营后突袭多个意军指挥部，两次是为了夺取小岛，一次是为了突袭一个南斯拉夫游击队司令部，还有一次是阿登战役期间的牵制性行动[②]（后两次行动都没有获得成功）。

## 西方盟国

随着战争的持续，西方盟国开始认识到，最好将不常实施的小规模突袭行动交由类似于突击队的部队来执行。至于伞兵和滑翔机机降部队，则应该集结起来投入大规模决定性军事行动。之后，盟军在实施空降作战时，投入的兵力往往会超过一个团的规模（实际上，盟军经常投入一个师甚至数个师的兵力）。这种规模的部队更适合夺取敌军后方的关键地点，并坚守阵地，直到被地面部队接替（这样的任务需要持续作战，小型单位根本不具备这样的能力）。

美军和英军的空降作战最初也遭遇了不少问题。在北非，他们进行了几次小规模空降作战。在 1943 年 7 月登陆西西里岛的“爱斯基摩人”行动（Operation “Husky”）中，盟军出动了两个空降师，即美军第 82 空降师和英军第 1 空降师。不过，这引发了国内质疑。反对者认为，组建空降师并开展大规模空降作战的概念行不通。

---

①原文如此。不过，如果将小规模袭击也计算在内的话，德军发动的空降作战的次数远多于此。

②实际上，在这次行动中，德军参战部队的人数在1200人左右，其规模超过了一个营。

为此，他们甚至搬出了克里特岛战役这个战例。

盟军空降部队在西西里岛上散落于各地，最终只有少数人设法到达了目标区域。在这次行动中，某个团有 40% 的运输机都被惊慌失措的友军舰艇用高射炮击落了，而英国机降步兵旅也有超过半数的滑翔机坠海。盟军空降部队的伤亡很大，而且他们在大部分情况下都未能按预定计划给两栖登陆部队提供支援。之所以出现这种情况，主要原因是执行空运任务的机组人员训练不足且缺乏协调。不过，这次空降作战也带来了一些好处:空降兵在德军后方到处活动，并大肆破坏和制造混乱。盟军从这次行动中吸取了许多经验教训，但由于美军没有在“爱斯基摩人”行动中使用滑翔机，他们在滑翔机机降方面仍有许多“实践短板”。

人们从早期的空降作战中总结了一些经验：空运部队必须为空降作战接受专门的训练;空运部队必须与空降部队密切配合;此类行动不仅需要极高的导航技术，还要准确识别地标;机组人员必须在能见度恶劣的情况下和遭遇高射炮攻击时保持队形；机组人员必须掌握相关技能，以便保持空投高度和速度；滑翔机的牵引机机组人员还需要掌握额外的编队飞行技能，以及确定滑翔机放飞地点的技能。

由于空降部队被视为行动迅速、作风凌厉的打击单位，且配有充足的近战武器，很多人都误以为他们可以胜任常规地面作战任务。但实际上，空降部队的武器和装备过于轻型化，部队编制也较小，很难接管本应由一个步兵师负责的战线。更何况空降部队既缺乏运输工具，也没有必要的作战支援单位配合行动。大多数国家都认为，空降部队在着陆后的几天内就可以与地面部队会师，然后就可以返回基地，以接受重组并准备执行下一次任务。但事实上，这种情况很少发生。各国军方发现，空降部队经常因现有的部队不足以推进攻势而被迫留在前线，不得不投入常规地面作战，甚至是两栖突击作战。另外，空降师一旦卷入地面作战，就很难撤离，而且负责接替他们的友军师也很难穿过拥挤的交通线前进。

在意大利，盟军实施的空降作战大多规模有限。在塔兰托（Taranto)，英军伞兵进行了一次两栖登陆，沿途没有遇到抵抗。随后，他们又充当步兵继续战斗。美军也曾多次试图发起团级空降作战，以便从敌后支援友军登陆部队，但鉴于地形崎岖和敌军防空火力较强，这些计划全部被取消了。美军还曾设想用空降兵来夺取罗马周边的几座机场，但也因为意大利人承诺的支援不够可靠而取消了行动。后来，美军在萨勒诺（Salerno）登陆战期间向滩头附近空投了两个团，

这些英国“霍萨”滑翔机散落在诺曼底的田野上，看上去像是坠毁了一样。但事实上，它们是被英军自己拆开的（为了便于从滑翔机上卸下吉普车和火炮）。从空降引导员设置的发烟罐尚未燃尽这一点来看，盟军滑翔机步兵似乎很快就离开了着陆区。

还向位于内陆 20 英里处的一座山村空投了一个营（该营的士兵分散在 100 平方英里的大片区域里，给德国援军造成了巨大混乱，而且该营大部分士兵都在几周后平安回到了滩头阵地）。第 82 空降师此后继续作为步兵参与战斗，其中一个团从海上在安其奥（Anzio）实施了登陆。德军第 1、第 2 和第 4 伞兵师在意大利也有出色表现，但和在其他战场上的德军伞兵一样，这些部队全都是作为步兵参战的。

盟军在西西里岛和意大利获得的重要经验是：在降落后，伞兵应避免贸然攻击一切当面之敌，并避开敌军大部队，全速赶往目标区域与战友会合；如果伞兵能集合在一起，就可以完成主要任务，而不是在“零敲碎打”的战斗中浪费兵力。不过，当时各国仍然会鼓励单兵和小规模部队向实力旗鼓相当的敌军发动攻击，因为这将有助于制造混乱。此外，上级还要求伞兵扰乱敌方通信，如切断敌方电话线路、伏击敌方传令兵。

在 1944 年 6 月诺曼底登陆期间，美军第 82 和第 101 空降师分别投入了三个伞兵团和一个滑翔机步兵团（每个团在原编制的基础上各加强了一个营）。英军投入了第 6 空降师，该师拥有一个机降旅和两个伞兵旅，全部兵力为九个营。在飞越海峡时，这三个师的运输机均采用了迂回路线，即首先抵达科唐坦半岛（Cotentin Peninsula）以西海域，再向东飞行 30 英里穿越该半岛，最终将部队空投在距登陆海滩 4—6 英里远的内陆。其中，美军空降师负责确保美军登陆海滩南北两翼的安全，并占领从内陆通往海滩的特定桥梁和堤道；英军空降师负责占领英军登陆海滩东侧，摧毁一处重要的岸炮阵地，并夺取或摧毁特定河流及运河上的桥梁（即在方便己方登陆部队向内陆挺进的同时，让这些桥梁无法为德国援军所用）。这些空降作战比两栖登陆行动早五个小时发动，而且其作战任务几乎全部完成了。但同样需要指出的是，很多参战部队刚一降落就被迫放弃了原计划，只是由于他们的主动性和进攻精神，才最终得以成功完成任务。

由于受到了浓雾、高射炮火力，以及空降引导员阵亡的影响，美军的这次空降作战可谓一波三折。他们的运输机编队被打散，大部分单位都分散在很大一片区域内——这一问题在第 101 空降师身上尤其严重。空降部队损失了大量装备，而且在两栖登陆行动开始时，他们只完成了一部分任务（但最终还是完成了几乎所有任务）。但另一方面，四散的伞兵和滑翔机步兵仍然制造了许多混乱，他们到处骚扰德军，妨碍了后者对登陆的反制。与此同时，英军空降师由于任务负担较轻，所以情况相对较好。而且，英军空降师的大多数士兵都幸运地降落在了预定地点。其中，突袭贝努维尔（Benouville）附近几座桥梁的英军滑翔机机降部队再现了德军 1940 年突袭埃本 - 埃马尔要塞的辉煌胜利（值得一提的是，英军的这项任务还是在夜间完成的）；负责攻占梅尔维尔（Merville）炮兵阵地的伞兵团第 9 营，虽然在降落时人员严重分散（只有约 25% 的人员参与了攻击），但他们仍然完成了任务。

这次行动再次表明，盟军不仅有必要为运输机部队提供更多的训练，还需要用更有效的方法来确定空投区和着陆区的位置。“诺曼底空降”是历史上最后一次大规模夜间空降——由于昼间空降的风险更低（更利于运输机和滑翔机确定空投区和着陆区，并减少滑翔机坠毁的概率），各国后来都选择了这种方式。

在 1944 年 8 月登陆法国南部期间，盟军投入了一个“暂编多国空降师”，其下属单位来自美军和英军。这次行动是在黎明时分发起的，有 90% 的伞兵和滑翔机步兵准确降落在指定区域内。德军的抵抗非常微弱，盟军伤亡很小。这次行动的目的与“诺曼底空降”类似，都是夺取特定内陆目标并阻挡德军增援。

1944 年 9 月，盟军在荷兰进行了空降作战（即“市场”行动和“花园”行动，又称“市场花园”行动），其结果有喜有忧。美军第 82 和第 101 空降师负责夺取通往荷兰的一系列桥梁，为英国第 30 军突入荷兰、包抄“西墙”防线和突入德国本土开辟走廊。在行动首日，盟军就攻克了几乎所有目标桥梁，只有最东北方的桥梁仍掌握在德军手中（最终在三天后被盟军夺取）。

与此同时，英军第 1 空降师和波兰伞兵旅被空投在阿纳姆（Arnhem）周边（空投区和着陆区附近有大片森林，很适合集结兵力），负责占领上述“进攻走廊”最远的一段。但问题在于，当地距离需要他们夺取的莱茵河大桥太远了。不仅如此，当地还有党卫军的装甲部队——这一点令盟军始料未及。上述盟军部队在着陆当天成功指明了空投区和着陆区的位置，滑翔机机降部队在降落时伤亡也很轻微。由于既没有重武器和车辆，也缺乏可用的电台，这些空降部队随即陷入孤立，并在坚持作战九天后被彻底击败。

二战中的最后一次大规模空降作战，是 1945 年 3 月横跨莱茵河的行动（即“大学”行动）。盟军在这次行动中投入了经历过战火考验的英军第 6 空降师和一个新组建的美军空降师（即第 17 空降师）。这次行动的目标是占领高地、十字路口和桥梁。最终，上述部队圆满完成了任务（空降兵们还消灭了大量德军炮兵）。在三小时之内，大约 1600 架运输机和超过 1300 架滑翔机便将 17000 名空降兵空投到了德国境内。

在世界另一边的太平洋战区，空降作战的规模要小得多（投入的部队从未超过团级规模），并且没有大量滑翔机参战。这种情况与作战距离远、战局变化迅速和空运力量难以集结等因素有关。在太平洋战场，空降作战的典型任务包括突袭、阻击敌军增援或撤退、夺取小岛，以及增援友军地面部队等。

美军和英军都制定了一套完善的空降作战条令。美军在 1942 年 5 月颁行的野战手册 FM 31-30《空降部队的战术和技术》（*Tactics and Techniques of Air-*

*荷兰阿纳姆的莱茵河大桥又被称为"遥远的桥"。本照片拍摄于 1944 年 9 月 18 日，即盟军发起空降作战的第二天。在北面建筑物之间的堤道上，有不少被遗弃的德军车辆的残骸。这些车辆来自一支从南岸发起进攻的德军纵队。在桥梁北岸两侧的房屋和公共建筑中，约翰 · 弗罗斯特（John Frost）少校率领一支孤军（包括伞兵团第 2 营 A 连和 C 连、伞兵团第 3 营 C 连，以及一些侦察、反坦克、工兵和勤务分队）构筑了环形防御阵地。*

二战中最危险的一次空降作战发生在 1945 年 2 月 16 日。当时，美军第 503 伞降步兵团攻击了菲律宾的科雷吉多尔岛。这次行动的空投区不仅异常狭小，还到处都是树木和建筑废墟。空投区的一侧是 550 英尺高的悬崖（悬崖的另一边是马尼拉湾）。美军实施空投时，天上还刮着时速 25 英里的大风。尽管条件如此不利，这次行动仍是伞兵部队夺岛的成功典范。

*Borne Troops*）中列出了空降部队的一系列任务（需要指出的是，虽然美军在二战后期总结了很多经验教训，并在开发新战术的同时调整了空降部队的编制，但该手册仍然是他们在二战中的主要指导性文件）：

**首要任务：**

1. 在其他部队到达之前（或配合其他部队），夺取、占领或以其他方式利用重要战术地点。

2. 攻击敌军后方，协助主攻部队突破或登陆。

3. 夺取并坚守关键地物，阻挡或迟滞敌军预备队。

4. 阻挠敌军撤退，直到友军赶来歼灭敌人。

**次要任务：**

1. 夺取敌军机场。

2. 牵制敌军。

3. 增援面对严重威胁的友军或被围的友军。

4. 夺取其他地面部队无法到达的岛屿或地区。

5. 夺取或摧毁敌军关键设施，从而扰乱其指挥、通信和补给系统。

6. 在行动区域内持续制造威胁，迫使敌军在广大区域内分兵保护关键设施。

需要指出的是，在实际行动中，一个师（或其某一下属单位）可能会承担上述多项任务。在其他国家，空降部队的基本任务也与此大同小异。至于规模较小的空降部队，其任务则是以突袭、牵制和侦察为主。另外，在有些情况下，空降部队还会被用于解救俘虏，以及对敌方滩头阵地实施反登陆作战。

## 苏联

虽然苏军制定了纵深空降作战理论，但没能将其付诸实施。原因之一是德军拥有机动预备队，且其防御“具有韧性”。就算苏军空降部队成功深入敌后，并夺取了渡口等目标，他们与友军地面部队会合的概率也微乎其微。事实上，受德军防御部署影响，苏军地面部队经常被迫减缓前进速度，甚至改变前进方向。就算苏军地面部队的突破取得了战术成功，可他们一旦因前进速度缓慢或前进方向有变，而未能与空降部队会合，后者将难逃被歼灭的命运。此外，苏军还缺少运输机和攻击机，无法为身处敌后的己方单位提供持续支援。因此，苏军很少向敌军纵深投送大型空降部队，而是会把这些部队分散开，陆续投放到距离前线较近的地点——这将有助于他们与地面部队尽快会合，并获得炮火支援。在有些情况下，苏军还会用空降部队增援已取得突破的地面部队。

苏军空降兵爬上图波列夫 TB-3 重型轰炸机。值得一提的是，苏军空降兵已在 1940 年大量装备了方形降落伞。这种降落伞有助于空降兵保持下降姿态的稳定，但却难以控制方向。而且，这种降落伞还有“前进倾向”，不适合顺风空投。另外，这种降落伞的开伞时间长，即使在配备了固定式开伞索之后也是如此——空投高度必须至少达到 1000 英尺。这张照片拍摄于战时，照片中的苏军空降兵携带了 PPD-34/38 和 PPSh-41 冲锋枪（这种武器直到 1942 年中期才出现）。不过，本照片并未展示空降兵在跳伞时是如何固定这些武器的。另外，请注意这些空降兵带有云朵状迷彩图案的外套。（私人收藏）

苏军空降部队由最高统帅部直接指挥，但必要时也会由各方面军（相当于西方军队中的“集团军群”）指挥。根据 1943 年版《苏军空降部队作战部署指导方针》

（*Instructions on the Combat Employment of Red Army Airborne Forces*），苏军空降部队的任务包括：

1. 对敌方撤退路线采取行动，攻击敌军预备队，配合地面部队围歼敌军。
2. 夺取并控制敌军后方关键地区、要点、渡口和国界。
3. 在敌军战役纵深与友军地面部队协同行动。
4. 摧毁敌军后方关键目标。
5. 扰乱敌军后方的指挥、控制设施。
6. 夺取沿海地区，并阻止敌军逼近，以支援海军部队抢滩登陆。
7. 支援游击队，并扩展游击队的控制区。

《苏军空降部队作战部署指导方针》还明确规定，空降部队不能被用于进攻筑垒防线或主要支撑点，也不能长期投入防御作战。

二战期间，苏军实施了大量空降作战。在有些行动中，苏军空降部队被零散投入战斗，极大影响了其作战效率。比如，在维亚济马（Vyazma）地区，大约10000 名来自空降兵第 4 军的空降兵在 1942 年 1 月—5 月间分批投入战斗。他们先是进行了一段时间的袭扰作战，之后又集结起来发起进攻，一路穿过德军后方，为地面部队提供了支援。

苏军空降兵于 1942 年 1 月在梅登（Medyn）地区的行动，是苏军较小规模空降作战的典型战例，这次行动的目的是策应一个方面军的进攻。苏军的另一场典型空降作战发生在 1943 年 9 月，苏军在该行动中投入了空降兵第 3 旅和空降兵第 4 旅的 4500 名官兵，旨在支援友军在卡涅夫（Kanev）以北实施的进攻。1944 年 6 月，空降兵第 201 旅和第 204 旅在罗马尼亚着陆，试图阻止该国军队在撤退时摧毁重要设施。

# 组织结构演变

虽然在低地国家和克里特岛，德国伞兵为赢得胜利付出了惨重代价，但这些行动无疑证明了空降部队的价值，并促使各国开始扩充空降部队。不过，德军在克里特岛的损失是如此惨重，导致希特勒发誓再也不会让宝贵的伞兵部队以类似方式投入战斗。另一方面，盟军看到了另一种击败希特勒的方法。1942 年，大型空降部队开始出现，空降部队从师级规模发展到军级规模，乃至集团军级规模。各国还倾向于为空降部队配备更重型的武器（达到与常规步兵部队相近的水平），使这些部队能长期投入作战行动。

当然，组建此类大型空降部队有时也伴随着争议。一些人认为空降部队消耗的资源太多了，另一些人认为空降部队的规模不应太大，且不应为这些部队常设师级或更高级别的指挥机构。不过，事实最终证明，这些常设指挥机构往往非常有效率（包括监督训练和规划工作、指挥作战行动、确保工作持续性和部队凝聚力等方面）。

## 德国

德军第一个伞兵师（即第 7 航空师）组建于 1938 年 7 月，但该师最初几乎不能被视为一个战术单位，而更像是一个试验部队和学校的集合体。直到二战爆发前夕，该师才真正成为战术性师级单位，而且其支援部队只能满足最低需求。1940 年，德军成立了第 11 航空军，以充当各种伞兵和机降单位的主管机构。该军的编制如下：

### 第 11 航空军

第 11 航空军飞行指挥部（Fliegerführer XI. Fliegerkorps）

第 1 大型滑翔机指挥部

第 1 机降联队第 1 大队和第 2 大队

第 9 特种轰炸机联队（即运输机联队）

第 1 和第 2 补充大队

第 1、第 2 和第 3 伞兵学校

## 各国空降师的组织结构，1944 年

缩写：“HQ”代表师部、“SPT UNITS”代表支援单位、“SVC UNITS”代表勤务单位

备注：“*”代表营级部队

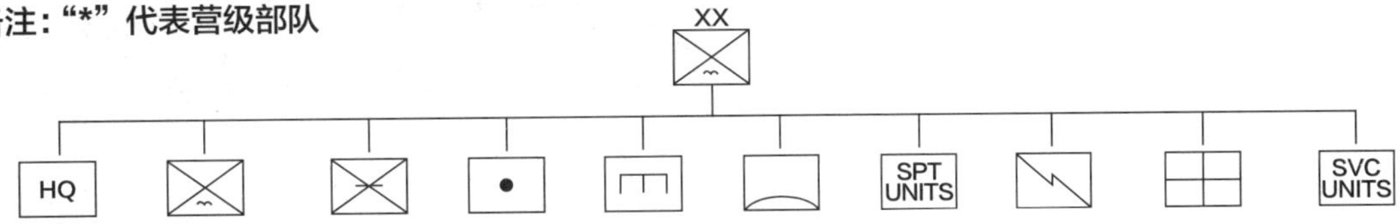


| | HQ | | | | | | SPT UNITS | | | SVC UNITS |
|---|---|---|---|---|---|---|---|---|---|---|
| **美军空降师（8556 人）** | | | | | | | | | | |
| | 师部 | 两个伞降步兵团（每个团下辖两个营，外加勤务连） | 一个滑翔机步兵团（该团下辖两个营，外加勤务连） | 师属炮兵（两个伞降炮兵营加两个滑翔机炮兵营） | 空降工兵营（三个连） | 空降防空营（四个连） | 宪兵排、侦察排 | 空降通信连 | 空降医疗连 | 空降军械维修连、空降军需支援连、伞降维修连 |
| **德军伞兵师（15976 人）** | | | | | | | | | | |
| | 师部 | 三个伞兵团（每个团都下辖三个营，外加迫击炮连、反坦克连） | | 伞降炮兵团（下辖三个营） | 伞降工兵营（下辖四个连） | 伞降高射炮营（下辖四个重型高射炮连和一个轻型高射炮连） | 伞降迫击炮营（下辖三个连）、补充营（下辖五个连） | 伞降通信营（下辖两个连） | 伞降医疗营（下辖两个连） | 伞降支援分队、后勤保障分队和行政分队 |
| **英军伞兵师（12148 人）** | | | | | | | | | | |
| | 师部 | 两个伞兵旅（每个旅下辖三个营，外加机降轻型炮兵连、机降反坦克连、机降工兵中队、机降野战救护队） | 一个机降旅（下辖三个营，外加机降轻型炮兵连、机降野战救护队） | 机降轻型炮兵团*（下辖三个轻型炮兵连） | 野战工兵连、工兵维修连 | | 装甲侦察团*、独立伞兵连、宪兵连 | 师通信部队 | | 勤务连（三个）、维修车间 |

*各国空降师的组织结构，1944 年*

第 7 航空师

第 22（机降）步兵师

第 1 机降突击团

虽然希特勒要求伞兵部队不得投入大规模空降作战，但德军仍在 1943 年 5 月将第 7 航空师改编为第 1 伞兵师，并在同年 2 月组建了第 2 伞兵师。1943 年 10 月和 11 月，德军又相继成立了第 3 和第 4 伞兵师。在 1944 年 3 月、6 月和 10 月，第 5、第 6 和第 7 伞兵师也相继组建完毕。其中第 7 伞兵师原名“埃德曼”伞兵师（FJD Erdmann），主要由各种“警备”和训练单位组成。1944 年 9 月，第 2 伞兵师在法国被盟军歼灭，但德军又于同年 12 月组建了一支同名部队。

*德军第 1 伞兵集团军里的绝大多数人员都没有跳伞资质，该集团军作为常规地面部队被部署在法国、荷兰和德国。有人认为，德军在该集团军的名字中加上“伞兵”一词，只是为了壮大声势、鼓舞士气。尽管如此，德军仍为第 1 伞兵集团军麾下许多部队配备了伞兵制服、罩衫和头盔。*

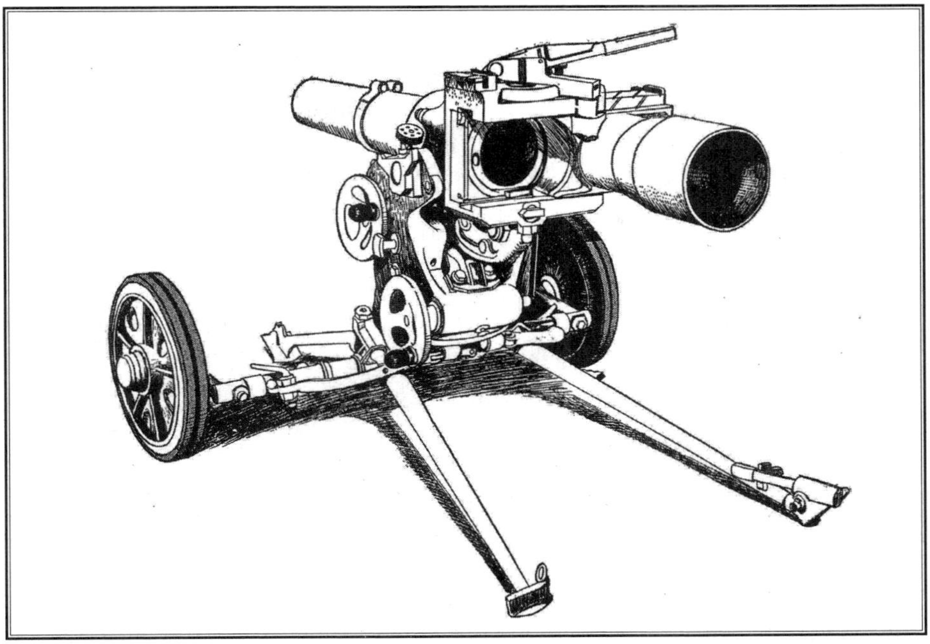

德军为伞兵提供了一些无后坐力炮，即德军所说的“轻型火炮”。这些火炮虽然轻便小巧，但射程不如传统的榴弹炮和步兵炮。这种无后坐力炮在发射时会将一部分火药燃气向后排出，以抵消射击时的后坐力——这导致该火炮不仅无法通过提高仰角来增大射程，还容易暴露射击位置。图中所示的是一门 7.5 厘米 40 型轻型无后坐力炮（可拆成两部分伞降）。另外，德军还开发了一种口径为 10.5 厘米的无后坐力炮。

同样在 1944 年，德军组建了第 1 伞兵集团军，其麾下部队包括第 1 和第 2 伞兵军。不过，该伞兵集团军及其下辖各军并不是真正的伞兵部队。“赫尔曼·戈林”伞兵装甲军的情况也是如此。这些部队虽然名称响亮，却没有接受过跳伞训练的单位，德军为其加上“伞兵”的称号也只是为了鼓舞士气而已。到此时，所有德军伞兵师都严重缺乏有跳伞资质的人员。在第 1 伞兵集团军麾下的 16 万名官兵中，只有三万人勉强称得上是伞兵。上述新组建的伞兵师往往以一个老资格的伞兵团（或一两个伞兵营）为核心组建，再辅以若干伞兵教学和示范单位。在这些部队的核心单位中，拥有跳伞资质的人员也只占 1%（这些人员往往会被分散到部队各处，而不是集中起来组成一个单位）。因此，1944 年，为在阿登战役中实施空降作战，德军被迫从第 1 伞兵师和第 6 伞兵团中抽调人员组成了一支临时战斗群（该战斗群的成员也并非全都拥有跳伞资质）。

在诺曼底操作四联装 20 毫米高射炮的德军伞兵，他们来自第 3 伞兵师或第 5 伞兵师伞降高射炮营下属的一个轻型高射炮连（本照片拍摄于盟军登陆前）。（私人收藏）

德军新组建的伞兵师普遍更加“重型化”，“支援单位更加充裕”，更适合参与常规地面作战。其中，第3、第5、第6、第7和第8伞兵师都在西线作战，第4伞兵师在南线作战，第9伞兵师在东线作战，第1伞兵师则先后被派往东线和南线作战。至于第2伞兵师，更是拥有在东线、南线和西线作战的经历。1942年2月—1943年5月，德军还向北非派遣了“拉姆克”伞兵旅（Fallschirmjäger Brigade Ramcke），该旅下辖各营均是从其他部队抽调而来的。随着战争的持续，德军各伞兵师的装备的“重型化”程度继续提升，甚至与陆军步兵师极为接近。例如，伞降炮兵团原本只有一个轻型炮兵营，但在1944年5月，该团又增加了一个轻型炮兵营、一个中型炮兵营和一个重型迫击炮营（尽管许多伞降炮兵团在参战时并没有满编）。此外，德军各伞兵师拥有的反坦克武器的数量也有增加。当时，德军伞兵团的新编制如下：

**德军伞兵团，1944年（共3206名官兵）**

团部

步兵营（3个）：

- 营部
- 步兵连（3个，每个连有9挺轻机枪和3门8厘米迫击炮）
- 机枪连（拥有8挺重机枪、4门8厘米迫击炮和2门7.5厘米步兵炮）

反坦克连（拥有3门7.5厘米反坦克炮和27具88毫米反坦克火箭筒）

迫击炮连（拥有12门120毫米重型迫击炮）

工兵连

第1机降突击团于1943年解散，其下属单位被其他部队收编。此外，德军还组建了一些独立伞兵团和伞兵营，但这些部队最终都被并入了新组建的伞兵师。1944年9月，德军组建了第8、第9和第10伞兵师，但这些师均在组建的过程中被裁撤。[①]第11、第20和第21伞兵师的组建工作始于1945年3月至4月，但到5月战争结束时，这些部队离成军仍相差甚远。

①几个月后，德军又利用其他人员重新组建了这些单位。其中，新的第9伞兵师组建于斯德丁（Stettin）地区（1944年12月），新的第8伞兵师组建于德国西部（1945年1月），新的第10伞兵师组建于奥地利（1945年3月）。

第22（机降）步兵师曾在1940年作为机降部队被派往荷兰，在克里特岛战役中，德军计划用该师作为后续部队来增援德军伞兵。但德军犯了一个错误——将该师部署到了其他地段，从而导致德军只能寻找“替代品”。最终，德军选择了接受过山地作战训练的第5山地师（该师的装备较为“轻型化”），并通过空运和海运的方式将其送到了克里特岛（这让该师官兵自嘲地称自己为“第5山地、机降、海军步兵师”）。后来，第22（机降）步兵师被改编成了传统步兵部队。1944年3月，德军又在诺曼底地区组建了第91（机降）步兵师（负责充当反登陆部队）——该师得到了第6伞兵团的加强。第91（机降）步兵师从未执行过机降任务，1944年11月该师被改编为第344步兵师，而其麾下的第6伞兵团则成了集团军直属部队。

## 英国

英军在1941年年底组建了第1空降师，后来又在1943年5月组建了第6空降师。第1空降师曾在非洲、西西里岛和意大利参加过战斗，并充当过一段时间的步兵。后来，该师在经过重建后参加了阿纳姆战役。第6空降师直到诺曼底战役期间才完成首次战斗跳伞，后来该师又参与了跨越莱茵河的战斗。理论上，这些师均下辖一个机降旅和两个伞兵旅，但在实战中，每个师都会得到一个伞兵旅的加强。

从编制上来看，英军的“旅”与大部分军队的“旅”不同。英军空降师仅拥有最低限度的支援单位，以及一些营级规模的炮兵团、反坦克团和侦察团，外加一个工兵连。但另一方面，英军伞兵旅各自拥有配套的支援单位。英军机降旅的编制内没有反坦克连和工兵连，但每个机降营都拥有一个“防空兼反坦克连”（配备八门反坦克炮）。另外值得一提的是，机降旅的战斗力实际上相当于两个伞兵旅。英军伞兵旅的编制如下：

**英军伞兵旅，1944年：**

旅部

旅部警卫排

伞兵营（3个）：

营部

营部连（8门3英寸迫击炮，4挺中型机枪，10具PIAT反坦克发射器）

步兵连（3 个。每个连有 9 挺轻机枪，9 门 2 英寸迫击炮）

轻型炮兵连（6 门 75 毫米驮载式榴弹炮）

反坦克连（12 门 6 磅反坦克炮）

野战工兵连

野战医疗队

在 1943 年，英军还成立了第 1 空降军和部队运输司令部（Troop Carrier Command）。[①] 第 1 空降军的下属单位包括第 1 和第 6 空降师，以及新组建的第 1 波兰独立伞兵旅。该军和部队运输司令部均隶属于盟军第 1 空降集团军。

*操纵维克斯 0.303 英寸 Mk I 中型机枪的英军伞兵。为长时间参与地面作战，英军伞兵后来配备了更重型的武器。从 1943 年起，英军伞兵营的编制内增加了两个 3 英寸迫击炮排，其中一个排还配备了四挺维克斯机枪作为备用武器。*

①实际上，英军并没有成立常设的部队运输司令部，而是会根据需要为第1空降军安排运输机部队。

本照片拍摄于二战期间。照片中的这些英军伞兵正在往脸上涂抹伪装油彩，他们接下来将前往诺曼底。英军空降部队配发的“红色贝雷帽”（实际上略显褐紫色）最终几乎成了全世界伞兵部队的标志性军帽。

在诺曼底战役中，空投英军第 6 空降师需要动用大约 450 架运输机和牵引机，空投美军两个空降师需要动用大约 820 架运输机和牵引机。通过这张照片我们可以看到，发动大规模空降作战需要大量资源。在跑道中央，涂有诺曼底登陆识别条纹（即“入侵条纹”）的英国“霍萨”和“哈米尔卡”滑翔机正在列队，它们旁边是充当牵引机的“哈利法克斯”（Halifax）Mk Ⅴ四引擎轰炸机。1944 年 6 月 6 日晚，照片中的“哈米尔卡”滑翔机将第 6 空降师的“小领主”轻型坦克、75 毫米榴弹炮和 17 磅反坦克炮运到了兰维尔（Ranville）地区。

## 美国

1942年8月，美军通过拆分第82步兵师的方式组建了第82空降师和第101空降师。第82步兵师原有的三个步兵团均被改编为滑翔机步兵团：一个团被调入了第101空降师，两个团被调入了第82空降师。至于第101空降师缺少的一个滑翔机步兵团，则由新组建的单位补齐。此外，第82空降师和第101空降师还各接收了一个伞降步兵团。在美军空降师中，滑翔机步兵团和伞降步兵团的比例和英国空降师的情况完全相反。而且，美军还拒绝了英军的建议，认为英军空降师的编制没有可取之处。事实上，这可能是由于部分美军高层过于保守（他们认为伞兵没有经受过实战考验，不适合在空降师中充当主力）。在编制模式方面，美军空降师与步兵师大体相同，只是前者下属单位的兵力、装备和能力都略逊一筹。在美军中，空降师拥有8400名官兵和650辆车，而步兵师则拥有15000名官兵和2000辆车。1944年时，一个伞降步兵团有2025名官兵，而同时期的步兵团则有3258名官兵。另外，美军还考虑了组建空降师的成本问题。

后来，美军空降师又增加了一两个伞降步兵团和炮兵营，取消了一个滑翔机步兵团，并为剩下的那个滑翔机步兵团增加了第三个营。1943年年底，美军中有人提议扩编空降师，使其兵力和装备达到与步兵师接近的水平。虽然该提议遭到了一些人的反对，但仍在1944年年底获得通过。美军各空降师都得到了"升级"，伞降步兵团和滑翔机步兵团的数量对比也彻底颠倒了过来。伞降步兵团的人数超过了2300人，滑翔机步兵团的人数接近3000人，整个空降师的兵力达到了13000人左右。后来，美军第17和第13空降师都按照上述编制进行了重组。在太平洋地区，第11空降师虽然保留了"一个伞降步兵团加两个滑翔机步兵团"的老编制，但其下辖滑翔机步兵团的官兵也大多接受了伞降训练。另外，美军还在太平洋战区投入了一个独立伞兵团，即第503伞降步兵团。1944年时，美军伞降步兵团的编制如下：

**美军伞降步兵团，1944年（共2025名官兵）**

团部

步兵营（3个）：

营部和营部连（拥有8挺轻机枪，4门81毫米迫击炮，9具"巴祖卡"火箭筒）

步兵连（3 个。每个连拥有 12 挺轻机枪，3 门 60 毫米迫击炮，4 具“巴祖卡”火箭筒）

勤务连

医疗分队

值得一提的是，由于美军空降部队在北非和西西里岛的表现不佳，一些反对者呼吁将其改编为步兵。为决定空降部队的命运，美军启动了一项研究。美军在调查后发现，空降部队之所以表现不佳，主要是受计划不周、运输机机组人员缺乏训练和零散部署等因素影响。后来，美军进行了一场演习，让第 11 空降师和第 17 空降师相互对抗。这次演习证明，只要加强训练并合理运用，空降部队便能发挥巨大价值。

*美军部分滑翔机野战炮兵营用火力强大的 105 毫米 M3 榴弹炮，取代了 75 毫米 M1A1 驮载式榴弹炮。与步兵师使用的 105 毫米 M2A1 榴弹炮相比，M3 榴弹炮的结构更紧凑，重量更轻。*

*配备 M5 炮架的 40 毫米 M1 高射炮是美军为空降部队“量身定制”的武器。该武器可为空降部队提供一定的防空能力，其炮管和炮架可分开运输（可由任何美国运输机搭载）。*

1944 年，美军组建了第 18 空降军，该军和第 9 部队运输司令部都隶属于盟军第 1 空降集团军。1944 年，为了解放法国南部，盟军组建了一个临时空降师 [ 即第 1 空降特遣部队（1st Airborne Task Force）]，该师的下属单位包括五个美军伞兵营、一个滑翔机步兵团和一个英军伞兵旅。

在二战中，美国海军陆战队也组建了四个伞兵营，但这些部队没有机会进行实战跳伞。虽然海军陆战队高层曾策划过一些行动计划，但由于飞行距离遥远、缺少运输机和战场态势变化等原因，这些行动都无疾而终。不过，这些伞兵营曾参加过一些两栖突袭和牵制行动，还曾充当步兵参加过战斗。1944 年 2 月，美军解散了这些伞兵营，并将其成员编入了几个新组建的步兵团。

*1944 年 9 月 17 日，第 101 空降师的空降引导员准备登机，前去参加“市场”行动。他们的跳伞地点在荷兰埃因霍温（Eindhoven）以北地区。大多数空降引导员都配有一支“汤普森”冲锋枪，并在备用伞包下方加挂了大小不一的装备包。*

在本照片中，一名地勤人员正在检查“瓦科”滑翔机的牵引索解脱装置。为确保在牵引机起飞时，这些牵引索不会纠缠在一起，地勤人员将它们铺成了“S”形。此外，地勤人员还把滑翔机飞行员和 C-47 牵引机飞行员的联络电话线绑在了牵引索上。请注意看，每个捆绑点附近的电话线都留有余量——这样做可以避免电话线被拉伸的牵引索扯断。

在诺曼底树篱地带上空，C-47 运输机正在放飞“瓦科”滑翔机。尽管当地遍布树篱、洪水泛滥，田间还有许多 10 英尺高的反空降障碍杆，但仍有不少空地可供滑翔机降落。

从地面看空降作战：伞兵正从三架排成“V”字队形的 C-47 运输机上跳下。地面上的步枪手想要击中这些伞兵并不容易。事实上，在这种情况下，伞兵最怕的是发生碰撞——由于空中极为“拥挤”，如果降落伞撞到掉落的腿包或其他伞兵，伞面就会坍塌，进而引发致命后果。

从高空俯瞰空中突击行动。本照片拍摄于 1944 年 8 月第 1 空降特遣部队在法国南部上空跳伞时。

地面作战：在诺曼底地区的圣索沃尔勒维孔特（St Saveur-le-Vicomte）附近，美军伞兵在一处沟渠中隐蔽，远方有一辆中弹的德军卡车。本照片拍摄于 1944 年 7 月 11 日，即“D+35”日。空降部队配置的武器和装备都旨在满足空降任务的需要。但在落地之后，空降兵仍经常需要像常规步兵一样留在前线作战，这实际上是一种“暴殄天物”的行为。

## 苏联

在战前，苏军曾陆续组建了不少空降部队，但在1941年德军入侵苏联后，这些部队全部被改编为步兵部队。这种情况也发生在苏军后来组建的空降部队上，这在一定程度上反映出了当时苏军资源调配的特点。当德军入侵苏联后，苏军在已有的五个空降兵军的基础上又额外组建了五个军——每个新组建的军只下辖三个旅，兵力仅有约10000人（规模相当于一个师）。这些新组建的军后来主要作为常规步兵参战。

1942年6月，苏军将各空降兵军改编为近卫步兵师，并把少数独立空降兵旅改编为步兵旅。这些部队大多参与了斯大林格勒战役。1942年秋，苏军组建了八个新的近卫空降兵军及一些独立空降兵旅。同年12月，这些部队被改编成近卫空降兵师。

1944年1月，上述近卫空降兵师被改编为步兵师，但同年夏天，苏军又建立了三个全新的近卫空降兵军（隶属于空降兵集团军）。1944年9月，上述近卫空降兵军被改编为师。同年12月，空降兵集团军又被改编为第9近卫集团军，作为步兵部队参与战斗。在苏军中，只有少数几个近卫空降兵旅和师被一直保留到了1945年。1942年时，苏军空降兵旅的编制如下：

### 苏军空降兵旅，1942年

旅部

伞兵营（4个）：

- 营部
- 步兵连（3个）

炮兵营：

- 营部
- 炮兵连（拥有6门76毫米炮）
- 反坦克连（2个。每个连拥有6门45毫米炮）
- 迫击炮连（拥有6门82毫米迫击炮）

侦察连

工兵连

高射机枪连

通信连

运输连

## 日本

日本陆军伞兵部队的规模不大。在1942年年底，该国被迫转入防御后，日本陆军伞兵部队得到了一定发展。日军新组建了三个挺进联队，每个联队的编制与战争初期差不多。后来，其中一个挺进联队被解散，人员被编入两个滑空步兵联队。1944年11月，日军组建了第1挺进集团（1st Raiding Group），该部队的规模大致相当于一个精简的师团，人数约为12000人，其下属单位包括第1挺进团、第2挺进团（每个挺进团各下辖两个挺进联队，每个联队的规模都相当于一个营）、第1挺进飞行团（下辖三个运输机/滑翔机联队）、两个滑空步兵联队和少量支援单位。在1942年4月对缅甸的大规模空降作战计划被取消后，日军只进行过少量小规模伞降和机降突袭行动，而且这些行动全部失败了。至于日本海军的两个"海军特别陆战队"，则于1942年12月被解散。

# 空降作战的实施

空降作战的执行非常复杂，就连小规模空降作战也不例外。在实施空降作战时，空降部队不仅需要训练、预演、试跳，还要与空运单位密切协同、规划航线、搜集情报、选择空投区（着陆区）和集结区、制订战术计划……

各国空降作战的执行程序各异，但都会遵循常规的军事训练和作战原则，并且会基于正常逻辑按部就班地行动。随着战争的进行，各国也在总结经验教训，并进行了一些改进，作战计划的详细程度和内容深度都有大幅提高。与此同时，更高层级的空降部队指挥机构也完成了组建。当时，很多人存在一种误区，他们认为策划小规模空降作战比策划师级规模的空降作战更迅速和容易。虽然小规模空降作战（如连级规模的突袭行动）的参战士兵和飞机数量较少，但其所涉细节和步骤几乎与在大规模登陆作战中投入一个空降师毫无区别。

*空降部队的武器必然十分“轻量化”——这是空降部队的短板。本照片拍摄于突尼斯。照片中，一群装备了迷彩面部伪装网的英国伞兵，正在操纵 PIAT 反坦克发射器。1942 年 11 月初，英军第 1 伞兵旅（下辖第 1 营、第 2 营和第 3 营）通过海运和空运的方式抵达北非。该旅的官兵都在 11 月底前参加过一次空降作战，随后又作为步兵投入战斗。在 6 个月后，即 1943 年 5 月轴心国军队在突尼斯投降时，该旅累计伤亡 1700 人。[帝国战争博物馆（IWM）供图]*

这名英国伞兵背着一门截短炮管的 2 英寸 Mk Ⅷ迫击炮（位于小背包翻盖的下方）。（帝国战争博物馆供图）

在需要执行空降作战任务时，空降师的上级将向师部发出通知（可能是一份作战计划，也可能是作战指令），要求其启动规划工作。该通知将给出基本指导方针和已知信息，以及额外指示和可用情报。此外，上级还可能要求制定多份计划或备选方案。随着时间的流逝，其中一些计划可能会因资源不足，以及地形、天气和形势剧烈变化等因素而被放弃。因此，在实施行动前，空降师可能会制定十多份方案。而且，这些方案还应包含相关日期安排，然后由上级确定跳伞应在昼间还是在夜间完成，并调配相应的空运力量。由于运输机与滑翔机的数量和型号将决定战场空投、保障和支援能力，因此空运力量的配备将对行动实施产生至关重要的影响。

此外，天气状况也同样重要：雨或雾会遮挡地标及空投区或着陆区；如果风速超过每小时 15 千米，就无法跳伞；中等风速会对滑翔机造成严重干扰，高空强风则会导致运输机偏离航线。虽然从理论上来说，部队应严密监控气象情况，直到空投前最后一刻，但是，由于空投区位于敌军后方，这一点通常很难实现。另外，部队还要考虑天气变化情况：在有些情况下，天气可能对第一波空投有利，但之后当地便会一直乌云密布，从而严重妨碍物资补充、增援空投和空中支援。

## 选择空投区或着陆区

作战行动的目标通常由上级总部决定，但空降和空运部队需要选择空投区或着陆区的位置。在选择空投区或着陆区时，空降和空运部队应考虑一系列因素，包括：空旷区域的面积；天然和人造障碍物的密度；附近的敌军兵力、设施、防空力量和机场；居民区的位置；空投区或着陆区，以及航线附近的地标是否易于进行空中识别；相关区域与行动目标的距离；附近是否有掩护和隐蔽处；附近是否有适当的集结点和公路网供部队在着陆后使用。

空降部队大多由“携带沉重装备的步兵”组成,因此在选择空投区或着陆区时，当地与目标的距离，以及附近的地形、障碍和道路都是重要考虑因素。虽然直接在目标区域降落不失为一个好办法，但这种做法更适合对防备松懈的目标发起小规模突袭。在现实中，更恰当的做法是将空投区或着陆区设在目标不远处——因为该区域不仅在敌方步兵武器的射程外，还可以让部队借助地形和植被躲避敌方观察。在集结、收集补给容器、组织队伍和评估形势等方面，这些地点将为着陆后的部队提供便利，并让他们不用前进太远就可以开始执行任务。在现实中，受很多因素（例如敌方防御的严密程度，附近的其他敌军部队和设施，当地地形和建筑密集区的位置，以及目标众多且位于不同方向等）影响，空降部队还可能被迫在远离目标的地点着陆。这方面有个“反面战例”，在 1944 年 9 月的阿纳姆之战中，由于目标桥梁周边有建筑密集区和森林，英国第 1 空降师只能用一片满是石楠的荒地来充当空投区——当地距离目标有 4—6 英里远。这让德军在接到警报后获得了充足的反应时间，拦截了向目标推进的英军士兵。不仅如此，德军后来还封锁了补给品空投点和奥斯特贝克（Oosterbeek）周边主着陆区之间的一段两英里长的通道。

1942 年 1 月，日本横须贺镇守府第 1 海军特别陆战队（Yokosuka 1st SNLF）奉命夺取被荷兰军队控制的朗戈万（Langoan）机场，其空投区恰好位于机场上空。在降落时，日军伞兵遭到了守军射击，降落的人员也一度遭到火力压制。虽然日军伤亡很轻微，并且很快控制了整个地区，但日军却断定将伞兵直接空投在目标区是不明智的行为。一个月后，横须贺镇守府第 3 海军特别陆战队（Yokosuka 3rd SNLF）奉命夺取荷属帝汶岛（Timor）上的彭富伊（Penfui）机场。这一次，日军没有将该陆战队直接空投到目标上空。由于机场附近没有合适的地形，第 3 海军特别陆战队的着陆区距离目标有 10 英里远。这意味着日军伞兵必须冒着酷热翻山越岭，并穿过大片茂密森林。由于距离遥远，再加上澳大利亚和荷兰部队不断阻击，日军伞兵很快就筋疲力尽了。他们只能且战且进，并被迫在夜间行军（这在丛林中很难完成）。他们抵达机场时，发现这里已在前一天被日军两栖登陆部队占领了。

## 规划和集合待机

在大多数情况下，空降部队可以自行筹划降落后的行动，但很显然，他们也应当与地面进攻部队协调，以确保双方尽早会合。例如，伞兵不能随意炸毁一座桥梁，以免阻断地面部队的必经之路。

空降部队的优势之一是能“攻敌不备”，其潜在攻击目标众多，攻击方式也不计其数，这让敌军根本无法在反制和防御领域做到“滴水不漏”。为保持这一关键优势，空降作战的规划应当保密，部队和飞机的集结也是如此。另外，欺骗行动也必不可少，例如：对目标邻近区域发动空袭；让轰炸机与运输机一同飞行，然后再分开，使敌人无法判断空投航线；抛撒箔条干扰敌方雷达；空投伞兵假人。通常情况下，参战部队要到行动开始前夕才会得知任务目标，在一些情况下，他们甚至要到跳伞时才会得知相关任务。

虽然空降部队也许不清楚具体目标，但其通常都会事先进行高强度的训练和预演。由于伞兵可能在空投时失去指挥官，或者在着陆后与指挥官失散，因此每名伞兵都需明确自身任务及其所在基层单位的任务。

空降部队会在行动开始前不久开赴各出发机场。在当地，跳伞指挥员应和运输机机组人员、滑翔机飞行员和牵引机飞行员进行密切协调。机场方面需要进行警戒，并安排好相关部队的伙食与住宿。在此期间，空降部队还会下发降落伞、空投容器和其他特种装备，以及弹药、口粮和医疗物资。一般来说，大型装备会被固定在运输机或滑翔机的机舱内。另外，指挥官还会做临战任务简报，并分发最新的目标区域航拍照片。

## 空降引导员

空降计划的一个关键部分是标记空投区或着陆区。在西西里岛战役后，美军和英军都设立了空降引导员——这些人都接受过特别训练，其任务是提前跳伞前往目标区域标记空投区或着陆区。这些人员必须在很短的时间内准确找到目标区域，并做好标记，同时避免与敌军接触。美军的空降引导员抽调自伞降步兵团，他们会被编入临时小组。英军空降师为空降引导员专门设立了一个“独立连”。在绝大多数情况下，空降引导员都会由接受过特殊训练且配备了经验丰富的导航人员的运输机投送。

苏军会让游击队来标示空投区，但有时效果并不理想。至于德军和日军，则根本没有设立空降引导员，其空投行动全部都是“盲目”进行的。日军会将空投区选在醒目的目标或地物附近，同时让一架搭载导航专家的侦察机引导运输机编队飞往空投区，但这种做法主要适用于小规模昼间空降作战。德军的做法与日军差不多。不过，德军还采用了一种方案：利用无线电波束来为领航机导航，抵达空投区后，领航机将向其他运输机发送信号。1943 年，德国人测试了一种无线电信标设备。这种设备其实就是一部安装在防震空投容器内的短程无线电台，侦察机会将它提前投放到空投区内。运输机在飞越该电台上空时，会根据接收到的信号来空投伞兵。不过直到战争结束，德国人都没有完成该研究。在阿登战役期间，德军让先头轰炸机在空投区两侧抛下燃烧弹“点燃下方地面”，再让后续运输机编队把伞兵空投到两片燃烧区域之间。由于美军防空火力干扰，以及德军机组人员缺乏训练，这种方法效果不佳。

## 空投

为避免伞兵在降落时过于分散，运输机机组人员必须拥有高超的导航技术和密集编队飞行技术。运输机飞行员必须在规定时间内将飞机保持在跳伞高度（但在接近空投区前，运输机的飞行高度可以根据情况比跳伞高度略低或略高），然后不断减速，直到满足跳伞要求（时速为 100—120 英里）。运输机飞行员必须与跳伞指挥员密切配合，在正确时间发出离机信号。在伞兵跳伞和投放外挂装备容器时，运输机飞行员应尽量保持航向和高度。

运输机的队形取决于空投区的形状。它们可以使用单纵队、横队（飞机数量不应超过五架）或“V”字队形，而且每架飞机或每个“V”字编队应至少相距 100—200 码，以给前方飞机上的伞兵留出足够的下落空间。运输机应尽量采用密集编队，以便让大量部队在短时间内着陆。在组成多个“V”字编队时，后方编队的飞行高度最好比前方编队高大约 50 英尺。在行动中，每个班或小组应搭乘同一架运输机或滑翔机，但指挥人员和多人操作式武器应分开运输，以避免因一架飞机失事而损失全部指挥人员或全部多人操作式武器。不过，部队也可以把机枪操作人员和少量连部人员安排进同一架飞机。

在二战期间，大多数运输机可以搭载 8—18 名伞兵。伞兵们会在跳伞前几分钟进入警戒状态，此时他们会站起来相互检查装具和降落伞，将开伞索固定在钢管上，再把空投容器挪到机舱口，然后等待跳伞信号。运输机飞行员发出离机信号后，彩色灯泡将在机舱内亮起。在早期空降作战中，标准跳伞高度是 1000 英尺。但为避免部队过于分散，并缩短伞兵在半空遭遇敌方地面火力攻击的时间，标准跳伞高度后来被改为 450—600 英尺。但事实上，在开伞状态下，伞兵将以每秒 16 英尺的速度下落，很难被地面火力击中。另外，如果伞兵从 400—500 英尺的高度跳伞，其滞空时间只有 20—30 秒。

在降落时，伞兵们最担心的是撞到树木、电线和建筑物。但需要指出的是，因为伞兵们都接受过相关训练，且其跳伞装具、降落伞包和随身装备都可以提供一定保护，所以“树木并没有很多人想象的那样可怕”。伞兵要面对的另一大威胁是深水障碍。虽然他们都带有充气式救生衣，但如果落入深水中，携带沉重装备的伞兵根本没有机会解开降落伞并为救生衣充气。在诺曼底，“浅水洪泛区”曾让一些伞兵丧生，并让空降部队损失了不少装备和多人操作式武器，但实际上其带来的最大问题是影响了部队的地面行进速度。

在空降作战时，伞兵出舱的速度至关重要。一般情况下，伞兵的出舱速度可以达到每秒一人。而且和好莱坞电影不同，伞兵们既不会犹豫不决，也不会为战友加油打气。空投区的面积一般都很小，一架飞机只需要几秒钟就可以从其上方飞过。通常情况下，一架飞机上的伞兵都会散布在200—300码长的区域内。只有迅速出舱，伞兵们才能在目标附近着陆和集结。

在空降作战时，伞兵会经历强烈的反差：

起初，他携带沉重装备，忐忑地坐在拥挤且充满噪声的机舱内。跃出机舱后，主伞展开时带来的冲击会让他感到有些不适，但这也让他放下心来。之后，他还会感到一阵令人愉快的飘浮感。周围一片寂静，只有偶尔传来的飞机引擎声。一片壮观的景色将映入他的眼帘，仿佛天地万物都被尽收眼底。他仰望一下自己的降落伞，并开始环顾周围，以免和其他伞兵相撞。也许，他还会尝试着改变自己的方向（有时候还要将一个装着装备的腿包解开，并悬垂在身体下方）。接着，地面将飞速向他靠近，在触地的一刹那，他将按照平时反复练习的姿势翻滚着陆。虽然携带的装备可能会让他受些皮肉之苦，但在通常情况下，伤势都不会很严重。

如果平安着陆，他就会迅速解开降落伞（如果时间允许，他还可以把降落伞拖到隐蔽地点）。之后，他应拿出装备包中的装备，并在寻找同组其他伞兵的同时，收集单独投放的空投容器。之前接受的训练告诉他，应尽快赶到集结点。虽然他曾在落地前俯瞰过周围的环境，但四周的树木和丘陵仍会让他感到不知所措。然而无论如何，他都会逐渐适应环境，并顺着地形的自然走向选好路线，找到集结点。

训练有素的伞兵都知道必须“向着枪声前进”。无论自己所属单位目前的状况如何，他们都需要主动组织起来，并听从军衔最高的人员指挥——哪怕对方是之前从未见过的军官或士官。因此，伞兵必须接受充分的训练和预演，并对部队的计划了如指掌。指挥官不可能有集合所有人员和装备的时间，他必须带着现有的一切装备和遇到的全部士兵投入战斗。

根据最初的设想，大多数空降作战应在夜间实施。这一点对发起突袭而言很有必要，但对较大规模的行动却不那么重要。黑暗会让敌人不容易发现飞机和跳伞地点，难以了解参战部队的兵力，且难以向飘落的伞兵开火射击。此外，黑暗还可以为伞兵们的地面运动和后续作战提供掩护。不过，在夜间实施空降作战时，空降部队不仅很难找到空投区或着陆区（这对滑翔机来说尤其危险），还难以集结和向目标运动。而且，在夜间开展后续行动时，伞兵还会和其他部队一样面临许多麻烦。而在昼间进行空降作战则不同，在能见度良好的情况下，空降部队不仅可以更快找到空投区或着陆区，还能更快集结和向目标运动。

## 交战

一旦落地，空降部队就会采用标准的步兵战术。但空降部队会依据自身编制与武器差异，对相关战术加以调整。另外，空降部队在运用这些战术时也更有攻击性——这弥补了他们缺少重型支援武器的短板。空降部队必须做好以少敌多乃至陷入包围圈的准备。尽管很少被敌军完全包围，但相比步兵，空降部队仍需更加关注己方暴露的侧翼和后方。由于下属分队常分散且失去联络，空降部队往往没有预备队可用［即便有预备队，也只能用于警戒后方和侧翼（有时，这些任务也会由指挥机构和勤务分队来承担）］。在完成集结后，就算兵力不足，空降部队的士兵也会向目标前进，并与敌人交战。战斗中必定会出现人员伤亡的情况，但交战部队也会不断得到零星的掉队人员的增援。在夺取了任务目标后，空降部队的士兵可以前往其他目标区域，或者构建防御阵地，等待地面部队赶来接替。在保护立足点时，空降部队一般会倾向于发动“攻势巡逻”——这也是当年突击队的“理论遗产”。最终，后方分队和支援单位将通过陆路或海路抵达前线，增强空投部队的实力。

从理论上来说，一旦被地面部队接替，空降部队就要撤出前线，并返回基地接受重组，以便为下一次行动做好准备。这种情况确实发生过，日军和早期的德军在空降作战中就是这样安排的。但在大多数时候，空降部队都做不到这一点，美军、英军和苏军的空降部队一般都会在前线战斗较长时间。

# 总　结

在二战中，主要参战国实施过许多空降作战，但结果差异很大，其中既有惨痛的失败，也有辉煌的胜利。批评者们可以很轻易地从中挑出问题，并加以批判。但事实同样表明，若空降部队组织得当、装备精良、训练有素，且在航空力量、情报及任务规划等方面获得充分支持，那么他们完全能够对战争产生重大影响。

虽然各国很少错误使用空降部队，但有些空降部队还是会因为长期陷入地面战斗而损失惨重。另外，空降部队还偶尔会出现一些问题，如遭遇重大伤亡、未能完成部分任务、未能按时完成任务，甚至遭遇惨败（这种情况很少发生）。空降部队在作战时伤亡惨重不仅与敌军的行动有关，还与空降作战自身的特点（如行动成功有赖于天气条件，需要及时收拢集结士兵，以及在敌军阵地各处分散降落）有关。缺乏可靠的情报（从敌后获取情报比较困难）也是空降部队蒙受重大损失的原因之一。

在一些早期行动中，伞兵和滑翔机步兵的着陆地点经常过于分散（在夜间尤其如此）——这也是空降作战被人诟病的主要原因之一。但需要指出的是，虽然这一点确实妨碍了空降部队执行任务，但也可以迷惑敌军，甚至是使其发生混乱——从某种意义上来说，这也许反而有利于空降部队执行任务。另外，出现上述问题并不能归咎于空降战术本身，而完全是因为当时的飞机运载量、导航技术和机组人员训练水平无法满足要求。随着各国开始在白天实施空降作战，以及机组人员训练水平的提高，该问题在一定程度上得到了解决。

空降作战的另一个不足之处是：受人力、火力和物资补给能力制约，空降部队无法深入敌后太远，且持续作战时间有限。若无有力的支援和物资补给，空降部队只能在敌后独立作战 3—5 天。不过，最终各国都意识到了这一点，为空降作战制定了更实际的目标和任务。

二战期间，涉及空降作战的大部分“软件”和“硬件”都得到了改善，只有滑翔机是一个例外。各国对滑翔机存在高度依赖，虽然各种规模的行动都有成功战例，但滑翔机的表现并不如预期。二战结束后，各国的滑翔机训练项目急剧减少。1947 年—1948 年，美军不再区分伞降步兵团和滑翔机步兵团，而是将其重组并统一改编为“空降步兵团”。虽然美军要求空降部队同时具备两种作战能力，但已基

本照片拍摄于克里特岛，请注意降落伞上的迷彩图案。照片中的这名德军伞兵可能是被地面火力打死的（他很有可能是挂在树上后被击中的）。在“水星”行动中，这种情况尤其常见，因为许多伞兵被空投的地点就在英联邦国家军队阵地的正上方。

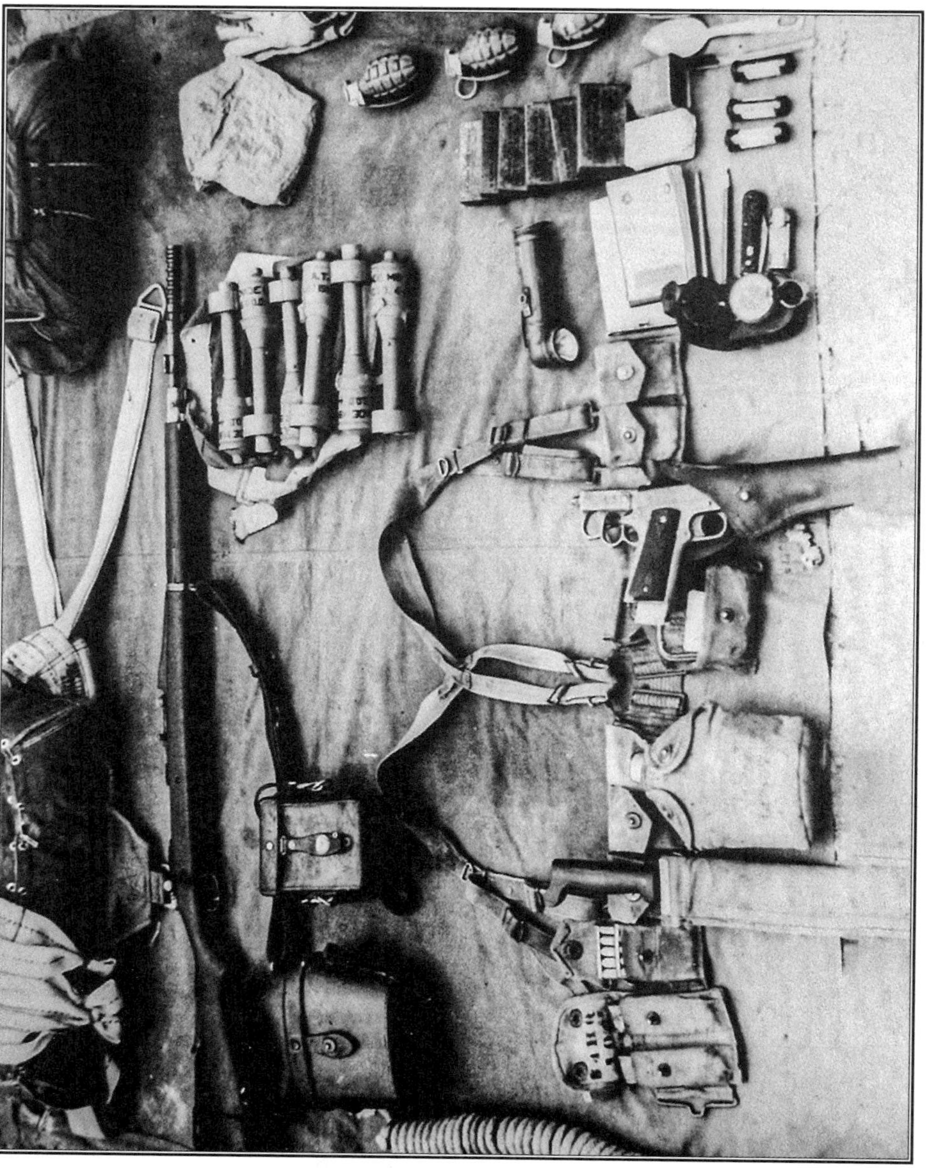

美军第 503 伞降步兵团曾在太平洋战场服役。本照片展示了该团一名枪榴弹射手的全套装备，其中最左边的是 T-5 降落伞系统的主伞包和备用伞包，中间的是一支 0.30 英寸 M1903 步枪和 M1 枪榴弹发射器。在步枪的右上方，是六枚 M9 反坦克步枪榴弹、水壶和手套。在照片的最右边，各种装备从下到上依次为：多功能绳、望远镜、迫击炮瞄准镜（用于伞兵排的 60 毫米迫击炮）、腰带和吊带（加挂装备包括 0.45 英寸手枪弹匣、步枪子弹、M1942 弯刀、水壶、急救包、0.45 英寸 M1911A1 手枪和 M1918 Mk Ⅰ战壕刀）、TL-122 手电筒、便条纸、指南针、小刀、火柴、六根 D 口粮棒、爽足粉、迷彩油膏和勺子，以及四枚 Mk Ⅱ破片手榴弹。在跳伞增援前线部队时，伞兵将只携带基础装备（其中会包括一把大砍刀）。

本上不再进行滑翔机训练。到 1949 年，美军更是彻底停止了滑翔机训练。在英军中，有少量滑翔机被保留到了 1957 年。苏军在 1959 年左右停止使用滑翔机。在二战结束后，滑翔机从未参与过作战行动，开始逐渐被直升机取代。有些人还进一步提出，随着直升机的问世，伞兵部队也已经“过时”了。但实际上，直升机根本不具备飞越半个地球将大批部队投送到敌占区的能力。

在二战期间，空降部队曾面临很多困难。随着大运载量远程运输机、先进导航与通信手段的不断问世，以及重型装备和物资空投能力、情报搜集能力的加强，这些困难要么已经迎刃而解，要么得到了极大改善。因此，虽然仍很有必要研究二战时期的空降部队，但这样做对现在的空降部队的帮助可能并不大。不过即便如此，二战时期的空降部队仍有一些“遗产”被保存了下来，这就是勇敢、独立和百折不挠的精神——也正是这些精神，让现在的空降部队依然堪称精锐部队。

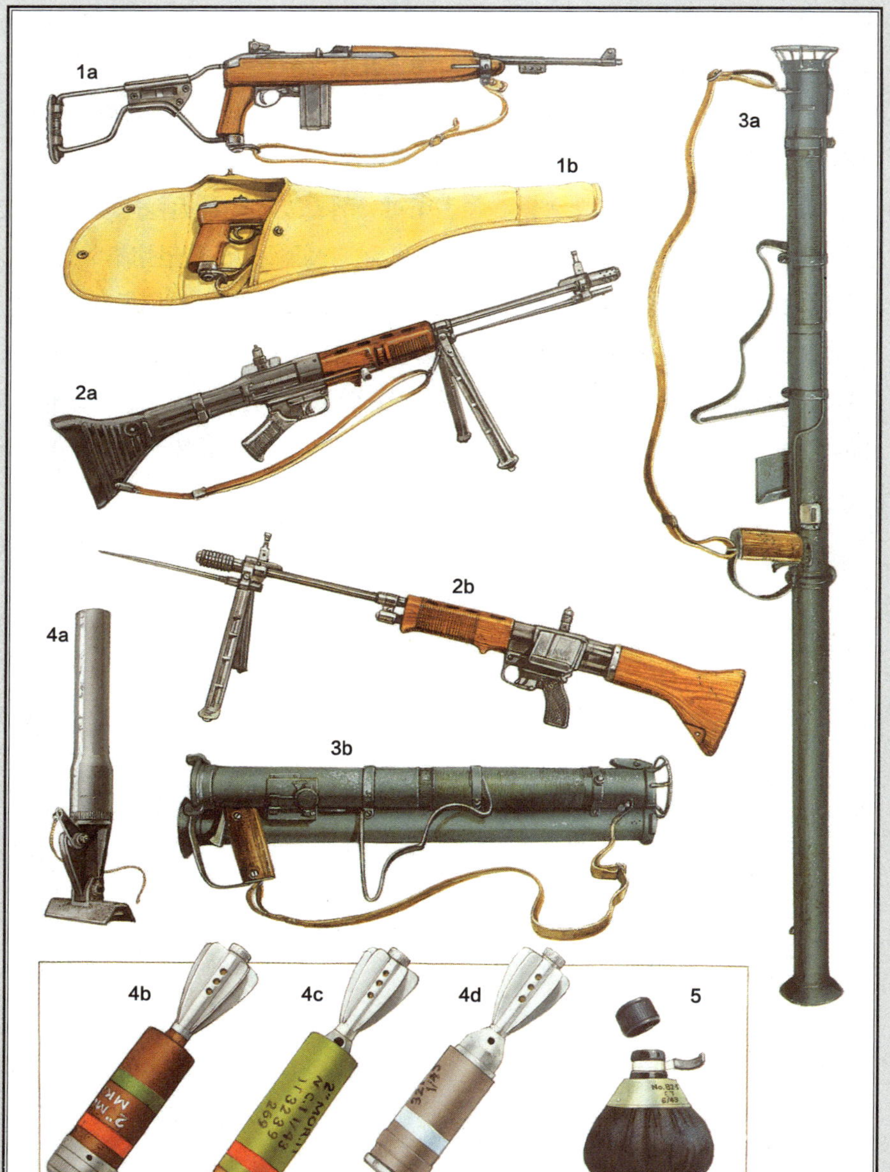


空降部队专用武器

## 空降部队专用武器

虽然大多数空降部队都配备了标准步兵武器，但各国也为他们开发了一些紧凑型专用武器，以便伞兵在跳伞时携带。这些武器之所以便携，是因为它们大多采用了折叠式枪托或可拆卸式设计（例如可以轻易拆分为两部分），甚至是缩短了枪管（炮管）。这些武器大多到二战后期才投入实战。此外，由于在二战后期，轴心国的空降部队几乎没有机会实施大规模空降作战，因此他们只配备了常规武器。

美军最初为空降部队配发的是带衬垫的“格里斯沃尔德包”（Griswold bag），它可以挂在降落伞装具右肩位置的锁扣上，可容纳一把拆卸后的标准版“加兰德”M1 步枪。“加兰德”M1 步枪是一种结构复杂的半自动武器，士兵很难在空投区迅速完成组装。因此，很多基层空降部队都改装了“格里斯沃尔德包”，以便容纳一把未拆卸的“加兰德”M1 步枪。后来，美军推出了带折叠式枪托的 0.30 英寸 M1A1 卡宾枪（1a），但该枪的数量有限，许多伞兵单位装备的仍然是带固定式枪托的“加兰德”M1 步枪。另外，美军还生产了一种可容纳一把 M1A1 的帆布枪套（1b）。这种能固定在伞兵腰带右侧的枪套，一端有系紧带——系紧带的捆绑位置在膝盖以下，会给伞兵带来巨大危险。因此，有些伞兵将系紧带的捆绑位置改到了膝盖以上，还有些伞兵干脆拆掉了系紧带。

日军研制了一种可拆卸的步枪（即二式步枪），该枪的口径为 7.7 毫米。由于问世时间太晚，该枪没有赶上 1942 年的空降作战。此外，日军还以制式轻机枪为基础，研制了一种带可拆卸式枪托和折叠式手枪握把的改进型武器，以及一种带折叠式枪托的冲锋枪。

其实，有很多制式武器非常适合伞兵使用，例如德国 9 毫米 MP40 冲锋枪（由于配有折叠式枪托，该武器可以由伞兵携带）。另外还有不少国家的军队为新型制式冲锋枪配备了折叠式或伸缩式枪托。二战时期，各国专为伞兵研制的武器非常稀少，其中一个罕见例子是德国的 7.92 毫米 FG42 伞兵步枪

（2a）——这种武器可扮演步枪、冲锋枪和轻机枪的角色。该枪有连发和单发两种开火模式，由 20 发弹匣供弹。FG42 的设计颇具新意，但也存在一些缺陷。例如，该枪采用了全威力步枪弹，但枪管的长度较短，因此会产生醒目的枪口闪光。该枪最初采用了冲压金属枪托、后掠式手枪握把和后置式两脚架，后来又改为采用木制枪托和标准手枪握把，并将两脚架的位置移至枪口附近（2b）。此外，该枪还可安装法制 MAS 36 步枪配备的针式刺刀——需要刀刃朝上，安装在枪管下方。

受长度影响，美国 2.36 英寸 M1 和 M1A1 火箭筒不适合由伞兵携带跳伞。后来，美军根据空降兵司令部的要求研发了 M9 和 M9A1 火箭筒（3a）——可以将其拆分为两部分（3b），每个部分长 31 英寸。拆分后的火箭筒可装在特制袋子内由伞兵携带。

英国步兵排配备的 2 英寸迫击炮的长度为 27 英寸。为满足空降部队的需要，英军开发了一种特殊型号的迫击炮——2 英寸 Mk Ⅴ Ⅲ 空降迫击炮（4a）——并将其长度缩短至 19 英寸。与标准版 2 英寸迫击炮一样，该迫击炮可发射高爆弹（4b）、烟幕弹（4c）和降落伞照明弹（4d）。

英军的 82 号手榴弹又名“加蒙手榴弹”（5）。该手榴弹是由伞兵团第 1 营的阿瑟·加蒙（Arthur Gammon）上尉设计的，并不是空降部队的专用武器。不过，因为英军和美军的空降部队曾广泛装备该手榴弹，所以人们经常把它与空降部队联系到一起。该手榴弹采用了由黑色弹力织物制造的外壳，其内部装有塑胶炸药（可根据攻击对象来调整炸药装载量），不仅可以对付装甲部队，也可用于巷战。82 号手榴弹配有“全向触发”（All-Ways）式引信，以及一条一端固定有重物的织带。在手榴弹被投掷出去后，织带将在空中展开，从而拉出保险销并点燃引信。不过，最初 82 号手榴弹配备的织带长度太短（仅有 4 英寸长），无法保证使用者的安全。因此，后来的 82 号手榴弹采用了 11 英寸长的织带。

“花岗岩”突击组在埃本－埃马尔要塞，1940 年 5 月 10 日

## “花岗岩”突击组在埃本－埃马尔要塞，1940年5月10日

比利时的埃本 - 埃马尔要塞扼守着阿尔伯特运河（Albert Canal）和马斯河（River Meuse）的交汇处。德军对当地发起的突击是一次经典空降作战战例。德军只投入了少量部队，就成功夺取了这一关键目标。不仅如此，这场行动还充分展现了空降作战这种全新作战方式所带来的出其不意的效果。

从理论上来说，埃本 - 埃马尔要塞是当时世界上最坚固的防御工事，能给发动常规地面攻势的部队造成重大伤亡。当时，德军伞兵部队刚刚组建，上级不愿意用他们来冒险。但在斯图登特少将的游说下，德军总参谋部最终批准实施该计划。在这次战斗中，最重要的是对主要塞的攻击，但与此同时，德军还派滑翔机机降突击组和伞兵突击组夺取了要塞附近的桥梁。

瓦尔特·科赫（Walter Koch）上尉率领的突击营由437名志愿者组成（大部分人都来自第1伞兵团第1营），其中362人（包括滑翔机飞行员在内）参与了实战。这次行动充分体现了空降作战的“兴师动众”。德军将上述参战部队编成了四个突击组，每个突击组由9—12架DFS 230滑翔机（共计42架）运送。此外，德军还出动了58架Ju 52/3m来充当牵引机和运输机，其中六架运输机将在三座桥梁上空各投放约24名伞兵。在此次行动中，德军还投入了多架战斗机和俯冲轰炸机，以压制比利时守军的防空力量，并阻碍其调动部队。值得一提的是，德军还为每个突击组提供了一架负责空投弹药的轰炸机。

这次行动之所以取得成功，在很大程度上要归功于德军相关人员的精心准备，以及滑翔机机降部队的高度主动性。另外，比利时守军在计划、指挥和控制方面的失误也给德军“帮了大忙”。根据计划，“花岗岩”突击组将乘坐11架滑翔机在埃本 - 埃马尔要塞顶部降落，但其中两架滑翔机的牵引索断裂，只有九架滑翔机成功降落。也就是说，“花岗岩”突击组要用61人来对抗约650名守军。

在本图中，“花岗岩”突击组第4班［班长是文泽尔（Wenzel）上士］正在用一半的兵力攻击“北部机枪碉堡”（Mi-Nord）。之前，他们对堡垒顶上的

“埃本 2”（Eben 2）装甲炮塔（b1）发起了攻击：先用 1 千克炸药炸毁了炮塔潜望镜，随后又引爆了 50 千克空心装药炸药（这是空心装药炸药首次被用于实战），导致炮塔内的守军全部丧生。图中，德军士兵已用 12.5 千克空心装药炸药炸毁了一个射击口（b2）。文泽尔（b3）正带领部下在第 2 个射击口上安装 50 千克空心装药炸药（图中半球形的物体），另一名士兵（b4）则向第 3 个射击口内投掷了一个发烟罐。最终，“花岗岩”突击组在半小时之内摧毁了埃本 - 埃马尔要塞的主要武器，并让其余守军陷入了瘫痪状态。此战中，“花岗岩”突击组仅有 6 人阵亡，18 人受伤。

德军于 5 月 10 日拍摄的照片显示，“花岗岩”突击组第 4 班的士兵头戴钢盔（钢盔表面涂有泥浆作为伪装），身穿德国空军的第一版连体跳伞服，并在右胸处佩戴了陆军鹰徽。此外，这些士兵都穿了“侧面系带”式跳伞靴。

*英军伞兵团第 2 营 C 连在布鲁内瓦尔，1942 年 2 月 28 日*

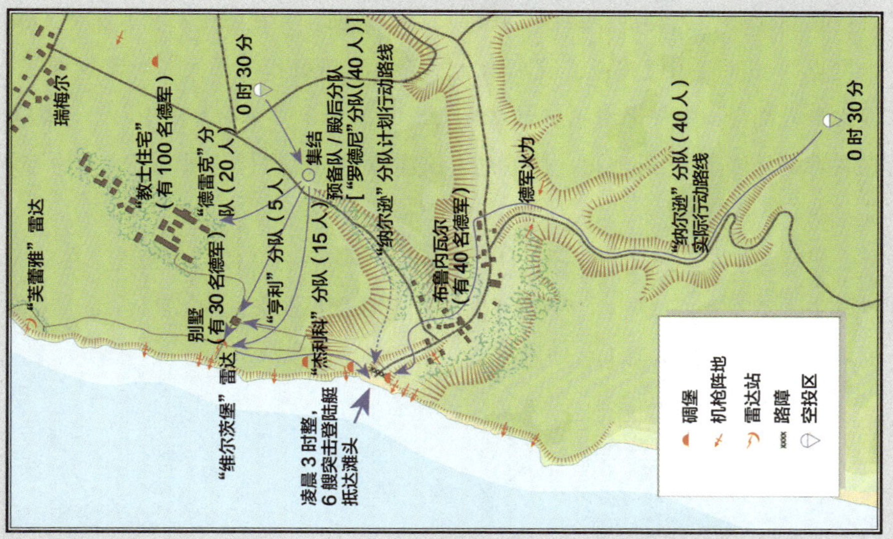


*各分队行动路线示意图*

## 英军伞兵团第2营C连在布鲁内瓦尔，1942年2月28日

1942年2月28日凌晨，英军伞兵团第2营C连［连长是约翰·弗罗斯特（John Frost）少校］“杰利科”（Jellicoe）分队的士兵正准备从南面袭击崖顶上的别墅（c1）和“维尔茨堡”雷达（c2）。

“杰利科”分队接受训练期间和从海上撤离后拍摄的照片显示，该分队的官兵都身穿第一版橄榄绿色“跳伞夹克”（德军伞兵罩衫的仿制品）。其中一些人将翼形跳伞资质臂章佩戴在右袖最上部，但所有士官的右臂上都只佩戴了军衔臂章。

在本图中，英军伞兵（c3）头戴第一版或第二版伞兵钢盔。这些伞兵钢盔的边沿采用了硬质橡胶材料（通过模压工艺加工成型），其中第一版伞兵钢盔后颈部分的边沿有一个醒目凸起。图中伞兵的伞兵钢盔外面都覆有绳网，并配有黑色“Y”形下颚带和杯形下颚垫。在跳伞时，伞兵们一般会将37型携行具与配套作战装备穿戴在“跳伞夹克”里面，并在降落后将其挪到“跳伞夹克”外面。一般来说，英军伞兵配备的战斗服和靴子大多为常规样式，但许多人都会携带一把费尔贝恩 - 赛克斯（Fairbairn Sykes）格斗刀（刀鞘缝在右裤腿外侧）。另外值得一提的是，该连似乎为这次行动配发了大量的 Mk Ⅱ“斯登”冲锋枪。

请注意，我们还在另一张图片中展示了当时各分队的行动路线。在这次战斗中，英军有两人阵亡，六人失踪，但其余部队带着六名伤员、雷达设备的重要部件和战俘从海上成功撤离。

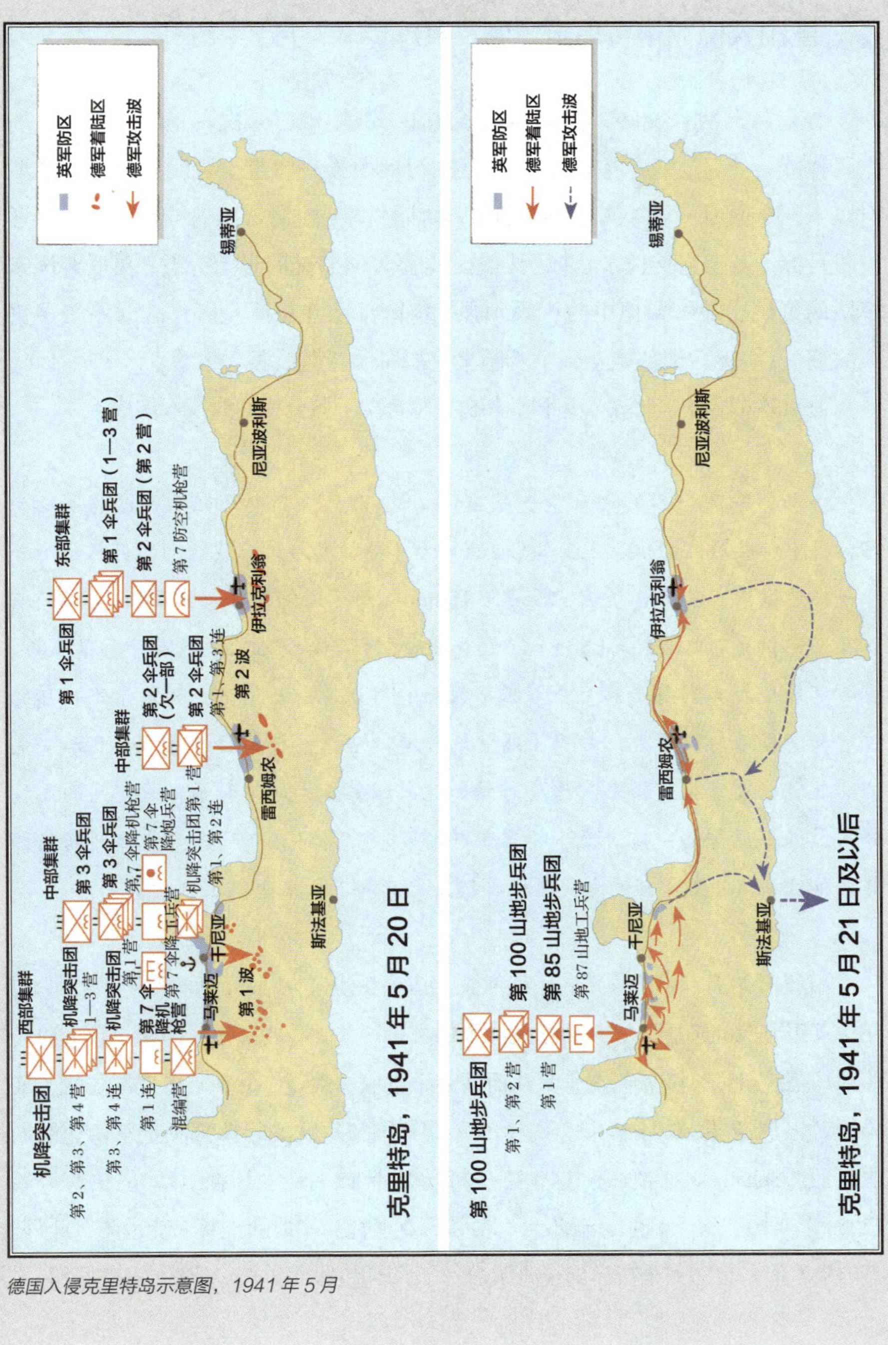

德国入侵克里特岛示意图，1941 年 5 月

## 德国入侵克里特岛示意图，1941 年 5 月

克里特岛战役期间，德军实施了其在二战中唯一一次真正有战略意义的空降作战。不过，德军空降部队在这次行动中损失惨重。之所以如此，主要有以下几个原因：空降部队训练不足，协调不够；空降部队着陆地点过于接近设防目标，甚至直接位于目标所在地；空降部队着陆时过于分散；英联邦国家军队的抵抗比德军预想中的更为顽强，空降部队在昼间空降作战时蒙受了更大的损失；海运后续部队遭到了英国皇家海军的拦截，损失惨重。

在此次战役中，德军伞兵和滑翔机机降部队一共分为两波投入作战：

参与第一波行动的部队于 5 月 20 日上午出动，其中西部集群以马莱迈为目标，中部集群主力以干尼亚（Canea）为目标。参与第二波行动的部队于当天中午抵达战场，其中包括在雷蒂莫（Retimo）附近着陆的中部集群的其余部分，以及在伊拉克利翁（Heraklion）附近着陆的东部集群。在上述目标中，马莱迈、雷蒂莫和伊拉克利翁是岛上全部三个机场的所在地，而干尼亚则是克里特岛的首府和海军基地所在地。一旦上述机场和港口陷落，德军后续空降部队和海运部队就可以大量抵达该岛。这些后续部队包括第 5 山地师和第 7 航空师的支援分队，根据原计划，前者麾下的第 100 山地步兵团将在岛屿西部空降，而该师其余单位和第 7 航空师的支援单位将搭乘船只和飞机抵达伊拉克利翁。

战役开始后，由于德军在干尼亚、雷蒂莫和伊拉克利翁的局势不明朗，只有在马莱迈方向的进展良好，斯图登特中将做了一个明智的决定，即将主攻方向转移到马莱迈机场。随着德国伞兵从西面大举进攻马莱迈，并突破了守军防线，战局顿时出现逆转。5 月 24 日，岛上的英联邦国家军队的指挥部决定从南边的斯法基亚（Sphakia）撤离——这一撤退行动始于 27 日，止于 31 日，但仍有大约 12000 名英国、澳大利亚、新西兰、希腊和克里特岛本地的士兵未能逃脱。此外，英国皇家海军也在克里特岛周边海域遭到了德国空军的攻击，损失了多艘军舰。

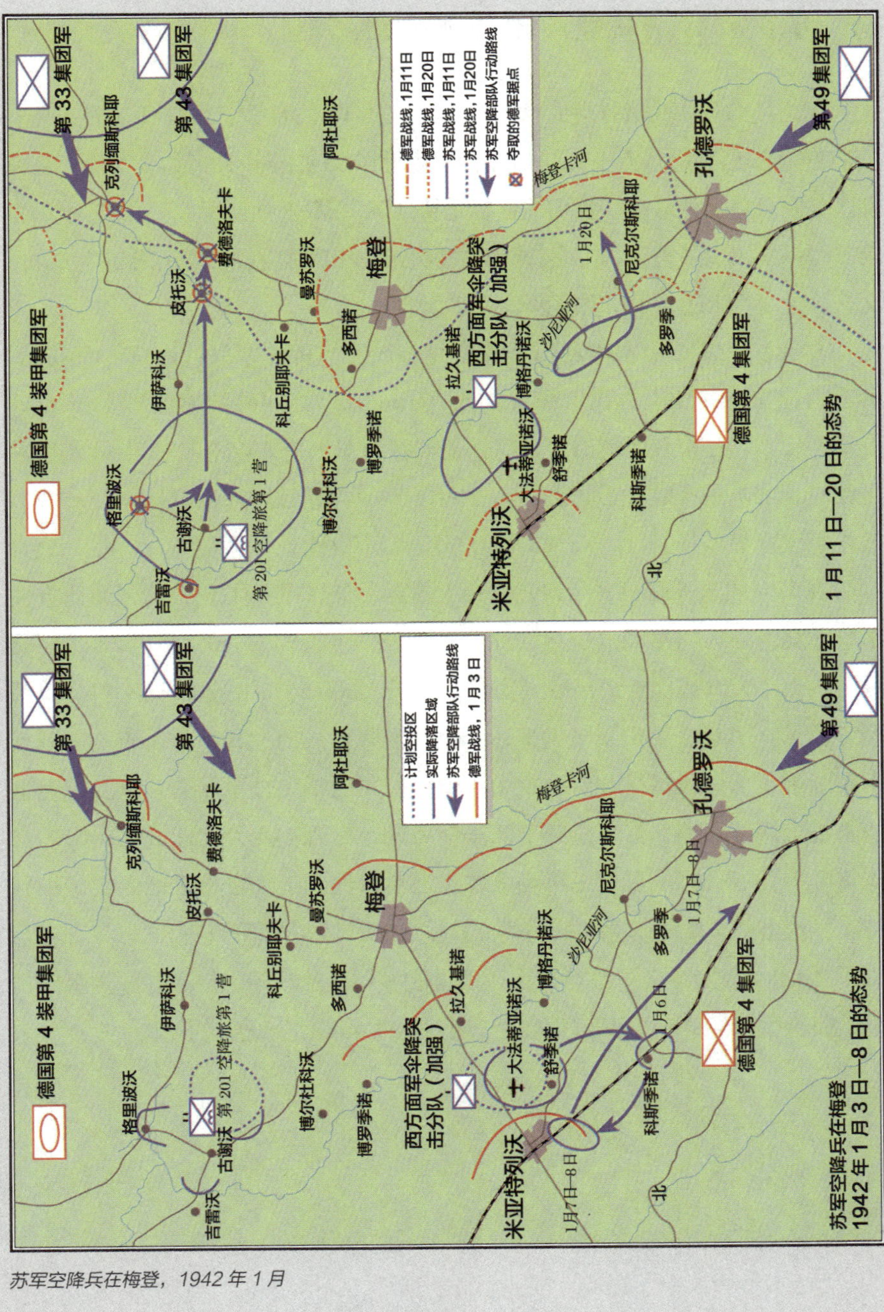


*苏军空降兵在梅登，1942 年 1 月*

## 苏军空降兵在梅登，1942 年 1 月

因之前的进攻成功分割了德军“中央”集团军群，苏军于 1942 年 1 月 2 日—3 日夜间实施了两次空降作战。苏军两次空降作战的空降区相距 7.5 英里，空降部队之间可以互相呼应，他们的目标是协助苏军第 33 集团军、第 43 集团军和第 49 集团军推进。然而，苏军只能为这两次行动和后续空投行动调用 31 架飞机。而且，这些飞机还必须向空降区运送机降部队。

在北面，第 201 空降旅第 1 营（共 380 人）负责夺取古谢沃（Gusevo）附近的村庄，并炸毁古谢沃和吉雷沃（Gireevo）之间的沙尼亚河（Shanya）大桥，切断通往梅登的道路。之后，他们将向东进攻，攻击苏军第 43 集团军当面的一段德军阵地 [ 位于皮托沃（Pitovo）和费德洛夫卡（Fedorovka）一带 ]。最终，该营于 1 月 11 日与第 43 集团军下属部队会合。

在南面的米亚特列沃（Myatlevo）附近，苏军投入了获得加强的西方面军伞降突击分队（Western Front Parachute Assault Detachment）和第 250 团（机降）各 200 人。他们负责夺取大法蒂亚诺沃（Bolshoye Fatyanovo）机场，并等待第 250 团其余人员乘飞机抵达。但在空降作战的过程中，由于受一系列不利因素（部分运输机被防空火力击退，德军的抵抗过于顽强，以及跑道上的积雪太深）影响，苏军机降部队未能着陆。尽管如此，之前成功伞降的部队仍坚持作战，打击了德军机场守军。之后，他们继续在整个地区实施牵制行动、伏击德军车队，并摧毁桥梁。1 月 20 日，上述部队只有 87 名幸存者与第 43 集团军成功会合。虽然这次行动未能实现全部目标，但还是严重阻碍了德军的行动和补给，并让德军始终未能封闭两个集团军之间的缺口。

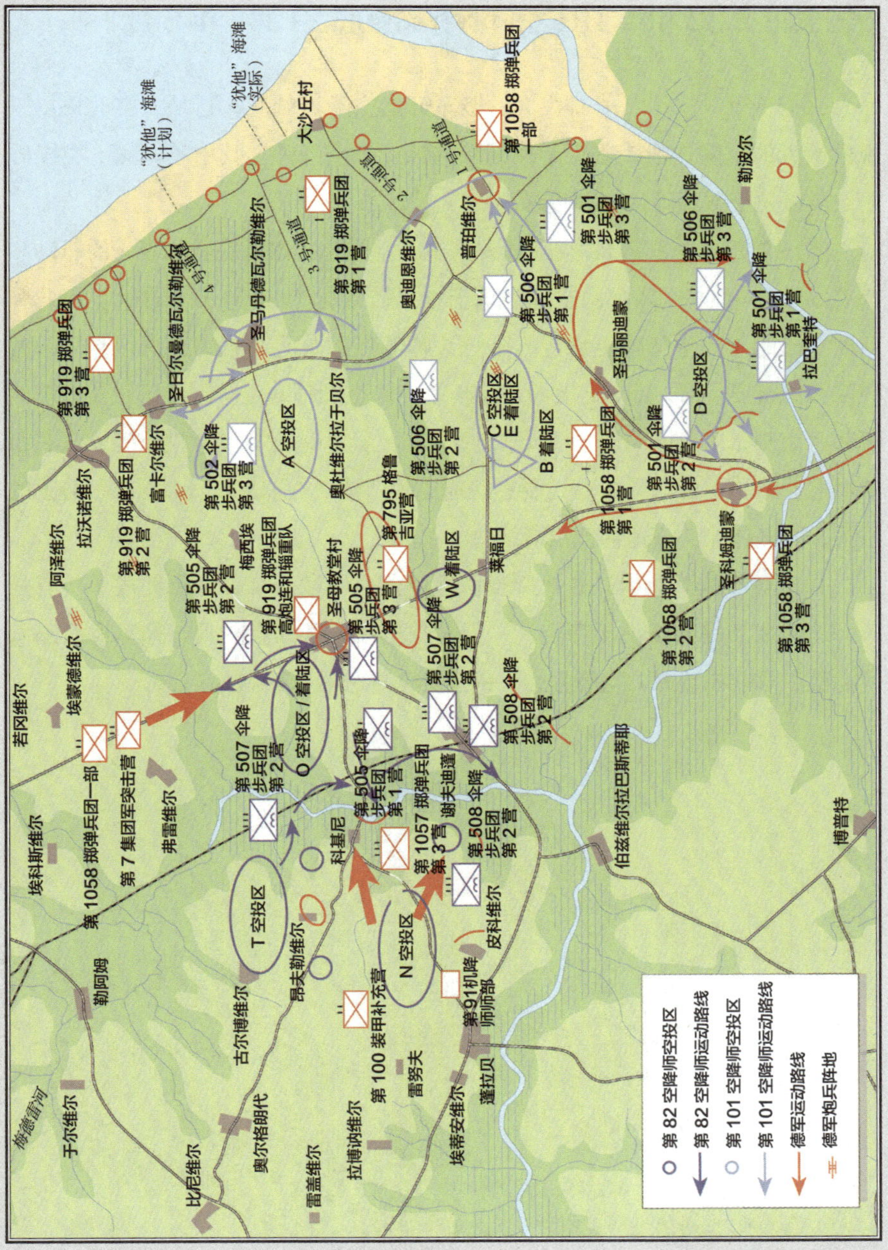

美军第 82 和第 101 空降师在诺曼底，1944 年 6 月

## 美军第 82 和第 101 空降师在诺曼底，1944 年 6 月

1944 年 6 月 5 日—6 日夜间，盟军开始空降诺曼底，这是人类有史以来规模最大的空降作战，盟军参战部队共计三个空降师（其中英军第 6 空降师的空降区位于滩头阵地东部边缘）。

本图展示了美军第 82 空降师和第 101 空降师在诺曼底登陆当天的行动和部署。其中第 82 空降师的空降区位于圣母教堂村（Ste Mere Eglise）西北和西面，比第 101 空降师更靠近内陆。该师的任务是向北封锁科唐坦半岛，并夺取梅德雷河（Merderet）上的桥梁。第 101 空降师的空降区位于犹他海滩西侧和西南侧，以及卡朗唐（Carentan）以北。这些地方有大片洪泛区，只有四条通道。第 101 师的任务是控制这些通道的西端、夺取杜沃（Douve）河上的桥梁，并确保滩头阵地南侧没有缺口。

虽然美军伞兵和滑翔机机降部队在降落时四散开来，但仍完成了所有任务。这一成功完全是出于巧合——面对散落在各处的空降兵，德军彻底陷入了混乱，只能向传来“空降报告”的大片区域分散派兵。

美军空降引导员，诺曼底，1944 年 6 月

## 美军空降引导员，诺曼底，1944 年 6 月

二战期间，大多数国家的空降作战都是“盲目”进行的，只有美军和英军广泛使用了空降引导员。空降引导员可以用多种手段准确标明空投区和着陆区，为运输机提供指引。虽然空降引导员的运用会受到战术形势限制，但如果他们能成功抵达目的地，就有较高概率完成引导任务。

PPN-1 和 PPN-2 无线电信标又名“尤里卡”发射机（Eureka Transmitter），它们可以将信号发送到先头运输机的“丽贝卡”接收机（Rebecca Receiver）上。

1. 这名空降引导员携带了一个特制的附件包，该附件包是由叠伞员制作的，专门用于盛放 PPN-1 无线电信标。

2.PPN-2 无线电信标拆解和安装后的状态与 PPN-1 无线电信标非常相似。另外值得一提的是，图中的空降引导员携带了一个自己制作的口袋（可以容纳 10 个“汤普森”冲锋枪弹匣）。

3. 图中这名空降引导员手持一部经改装的 SCR-536“手持对讲机”（该设备在标准型号的基础上进行了改装，并安装了 BC-619 天线，可以充当导引装置），他的脚下还有一盏 M227 信号灯（可扛在肩上使用，也可安装在三脚架上使用）。

4. 如图所示，空降引导员正在展开一块 AL-140 高能见度信号布。这种信号布宽 12 英尺，长 30.5 英尺，正面的颜色为红色、橙色或黄色，背面的颜色为白色。空降引导员可以将这种信号布排列成字母，从而传递相关信息（如标出特定的空投区或着陆区）。信号布侧面的绑带可用于固定。此外，空降引导员还会使用信号灯、彩色烟幕弹和火盆等物品来完成引导任务。

美军第 503 伞降步兵团在农福尔岛，1944 年 7 月 3 日

## 美军第 503 伞降步兵团在农福尔岛，1944 年 7 月 3 日

与“战斗跳伞”相比，“伞降增援”远称不上“光荣”，并且早期理论研究人员也从未考虑过这种作战形式。不过，“伞降增援”仍在二战中发挥了重要作用。

1944 年 7 月 2 日，美国陆军第 158 步兵团（独立）在新几内亚西北方的农福尔岛登陆。由于不清楚日军的兵力和士气状况，且亟需控制三条简易跑道，美军发起了“乒乓球”行动（Operation Table Tennis），要求在接下来的三天内将第 503 伞降步兵团（独立）空投到岛上。这一计划颇有可取之处。首先，美军的登陆艇数量有限，如果采用海运，后续部队将被迫分批登岛，耗时很长。其次，岛上的简易跑道坑洼不平、泥泞不堪，不利于实施机降。因此，美军最终选择通过伞降的方式，将大量人员迅速送往农福尔岛。

美军空降部队从新几内亚的霍兰迪亚（Hollandia）出发，整个行动并非没有危险。其中一个风险因素是有一条简易跑道位于卡米里（Kamiri），该跑道宽 250 英尺，长 5000 英尺，非常靠近农福尔岛西北海岸（高大的树木一直延伸到跑道边缘）。这条简易跑道里面到处是日本飞机的残骸，以及美军的卡车、两栖半履带车、推土机、帐篷和物资堆。

第 503 伞降步兵团（独立）的预定跳伞高度仅有 400 英尺，而且令人诧异的是，最前面的两架 C-47 飞机的机组人员没有预先校对高度计——这导致机群的实际空投高度只有 175 英尺。虽然简易跑道表面覆盖着泥土，但跑道下面却是像石头一样坚硬的珊瑚礁——这让 7 月 3 日跳伞的第 1 营（共 739 人）伤亡了 72 人。随后，美军努力清除了简易跑道边缘的障碍物，但当第 3 营于第二天跳伞时，全营 685 人仍有 56 人受伤。上述部队共有 59 人多处骨折，各级指挥人员中的伤者也相当多。因此，该团第 2 营的跳伞行动被叫停，改为乘飞机前往附近的比亚克岛（Biak）。最终，该营乘船完成了最后 60 英里的行程。虽然上述两个营的跳伞伤亡率高达 9%，但他们的及时抵达，加快了美军攻占农福尔岛的速度。

# 参考书目


克莱 · 布莱尔（Clay Blair），《李奇微的伞兵：二战美国空降部队》（*Ridgway' s Paratroopers: The American Airborne in World War II*）[马里兰州安纳波利斯（Annapolis）：美国海军历史学会出版社（Naval Institute Press），1985 年出版]

杰拉德 · 德夫林（Gerard M. Devlin），《伞兵！美国陆军和海军陆战队伞降和滑翔机作战部队的二战传奇》（*Paratrooper! The Saga of the US Army and Marine Parachute and Glider Combat Troops in World War II*）[纽约：圣马丁出版社（St. Martin' s Press），1979 年出版]

罗杰 · 爱德华兹（Roger Edwards），《德国空降部队》（*German Airborne Troops*）[纽约：道布尔戴出版社（Doubleday），1974 年出版]

戴维 · 格兰茨（David M. Glantz），《苏联空降部队史》（*A History of Soviet Airborne Forces*）[俄勒冈州波特兰（Portland），弗兰克 · 卡斯出版社（Frank Cass & Co），1994 年出版]

巴里 · 格雷戈里（Barry Gregory），《英国空降部队》（*British Airborne Troops*）[伦敦：麦克唐纳与简氏出版社（Macdonald & Janes），1974 年出版]

彼得 · 哈克勒罗德（Peter Harclerode），《伞兵！伞兵团 50 年》（*Para! Fifty Years of The Parachute Regiment*）[伦敦：武器与铠甲出版社（Arms & Armour Press），1992 年出版]

詹姆斯 · 休斯顿（James A. Huston），《跃出蓝天：二战美国陆军空降作战》（*Out of the Blue: U.S. Army Airborne Operations in World War II*）[印第安纳州西拉斐特（West Lafayette）：普渡大学出版社（Purdue University Press），1972 年出版]

詹姆斯 · 卢卡斯（James Lucas），《冲锋雄鹰：二战德国空降部队》（*Storming Eagles: German Airborne Forces in World War Two*）（伦敦：武器与铠甲出版社，1988 年出版）

布鲁斯 · 夸里（Bruce Quarrie），《空降突击：战斗中的伞降部队，1940 年—1991 年》（*Airborne Assault: Parachute Forces in Action, 1940-91*）[英国斯帕福德（Sparford）：帕特里克 · 斯蒂芬斯出版社（Patrick Stephens Ltd），1991 年出版]

约翰 · 威克斯（John Weeks），《空降装备发展史》（*Airborne Equipment: A History of its Development*）[英国牛顿阿伯特（Newton Abbot）：大卫 · 查尔斯出版社（David & Charles），1976 年出版]

约翰 · 威克斯，《空降兵》（*The Airborne Soldier*）[英国普尔（Poole）：布兰福德出版社（Blandford Press），1982 年出版]

# 二战丛林作战战术

## 第二部分

# 引　言

每当夜幕降临，丛林中就会传来各种怪异阴森的声音，有“咕噜”声、“呻吟”声、“口哨”声、“嘶嘶”声、“咳嗽”声、尖叫声和咆哮声，这些声音来自各种动物，其中有些动物是在夜晚为自己“加餐”，有些动物则是在展现着天性。想要从这些杂乱无章的声音中分辨出接近的敌人发出的声音并非易事，需要多听、多看、多闻，而且必须让所有感官都“提高警惕”。

以上就是 1944 年卡梅伦高地人团（Cameron Highlanders）的彼得·格兰特上尉对丛林的第一印象。事实上，很多人都有类似的看法。丛林中的声音是如此恼人，就连经验丰富的丛林旅行者也常常被迫在夜间佩戴耳塞入睡。待到天明，蝉虫发出的嗡鸣声、蜥蜴发出的窸窣与猿猴的啼叫声又会构成新的声浪。美国第 164 步兵团的查尔斯·沃克（Charles Walker）声称，其战友们能在丛林中“嗅到”敌人，因为对方能散发出一种甜味——据说这种味道来自皮革装备和汗水。然而，丛林既能“放大”声音和气味，也会阻碍视线，令敌我双方陷入近在咫尺却互不知晓的惊险境地。

初入丛林时，有些人很快患上了幽闭恐惧症，并对未知的一切都感到无比恐惧。伯纳德·弗格森（Bernard Fergusson）少校回忆说，丛林很快就不仅仅是一片林地，而是变成了“一个诡秘的地方，一个厮杀的地方，一个可以掩护你接近敌人，同时也能让敌人悄然跟踪你的地方”。

印度第 7 师师长弗兰克·梅瑟维（Frank Messervy）将军认为，对丛林的恐惧部分源于一种感觉，即“总有什么人在监视着你”。这导致他的部下不敢大声说话，甚至在睡觉时把绊索的一端系在脚趾上——这样一来，一有危险迹象，他们就会被悄悄叫醒。

然而，并不是所有的丛林都是完全一样的。乍看之下，整个东南亚的陆地仿佛尽数被绿色地毯覆盖，但实际上其内部“变化万千”。而且和很多人想象中的丛林不同，即使在 1941 年，丛林中的很多区域都已被人类活动所影响。只有所谓的“原始”丛林（Primary Jungle）——在澳大利亚被称为“高山”丛林——才保持着“天然本性”。原始丛林里往往树干冲天、树冠高耸。斯宾塞·查普曼（Spencer

本照片是于 1945 年在远东拍摄的。照片中的这个人名叫福赛尔（W.K.Fussell），来自英国陆军皇家通信部队（Royal Corps Of Signals），他是一名中尉。在丛林中，由于视野有限，通信人员经常需要在行动时紧跟前线步兵。他们背负的通信设备不仅笨重，还容易受损，维护与携行是一大难题。请注意福赛尔的 1944 式短檐丛林帽和丛林绿制服，这些装备是由莱斯布里奇（J. S. Lethbridge）少将代表团于 1943 年 10 月至 1944 年 3 月赴远东实地调研后开发的。甚至福赛尔中尉的眼镜也是特制军用款，其镜腿可以弯曲，以便佩戴防毒面具。

本照片是于 2005 年在老挝北部的一条小径处拍摄的。这张照片完美复现了 1941 年—1945 年东南亚战场的典型热带地貌。照片中的木栅栏可以防止野生动物和家畜侵入，从而稍微为种植园提供一些保护。种植园外，次生的低矮丛林已开始“蔓延”。照片远景处的陡坡上可见原始丛林中的参天大树，其树冠非常显眼。

Chapman）上校回忆说，他初次到达马来亚（Malayan）地区的丛林时，惊讶地看到树干笔直而立，两两对称，“如同幽深大教堂中的立柱”。他还写道：“地面上满是枯枝和嫩芽，如同一层地毯，几乎看不到泥土，花草更是罕见。”除了高耸的大树，大量的寄生植物也格外引人注目——例如爬山虎、藤蔓、苔藓和蕨类植物，其中许多都悬垂在树木枝丫之间。

奇怪的是，这种半明半暗的真正丛林有时并不难穿越。在原始森林被当地人砍伐或以原始方式刀耕火种后，次生或低矮丛林会悄然出现。由于没有高大的树木遮挡阳光，竹丛、荆棘和灌木丛相互交织，士兵必须费尽周折，才能在幽深处“砍”出一条道路。此外，沿海地区还有另一种丛林，其特点是空间更加开阔——在这里，妨碍视线和行动的主要是红树林沼泽与高草丛。

在一些地区，随着旱季降临，丛林将呈现出一片棕色。枯叶与竹子铺满地面，踩踏时会簌簌作响。进入潮湿季节后，稻田会化作泥沼，但泥沼干涸后又会像混凝土一样坚硬——此时，水田边缘的积水滩涂或堤岸将成为行军的主要障碍。

在更多的时候，丛林是潮湿的，或者更准确些，是“被水汽浸透”的。美军第 25 师一等兵詹姆斯·琼斯（James Jones）后来在小说《细细的红线》（*The Thin Red Line*）中描绘了在瓜达尔卡纳尔岛的经历。他形容湿气是如此严重，“与其说是一种天气，不如说是一种凝聚的实体”。在湿热交加时，生长和分解的过程都会加快：树叶生长迅速，皮具、织物，甚至书籍和纸张都会以惊人的速度腐烂。在人体上，溃疡、抓伤和蚊虫叮咬后的伤痕经常顽固难愈，而真菌感染更是司空见惯。

一位丛林作战教官一针见血地指出：“你会腐烂。”

## 运动和导航

当二战在东方打响时，马来亚、缅甸、泰国、荷属东印度群岛和太平洋岛屿上有大片区域并非原始丛林，而是已被“驯化”为种植园，可产出橡胶、香蕉和菠萝。这些种植园中既有工业化运作的庞然大物，也不乏隐蔽的私人园圃。虽然当地地形崎岖，车辆难以通行，但不难徒步穿越。事实上，真正“无法穿越”的丛林相当罕见。不仅如此，和公众的想象不同，在 1941 年，很多人已经掌握了穿越丛林的知识。早在 19 世纪，英国理论家就出版了关于丛林作战的著作。

1914 年，戈登·卡瑟利（Gordon Casserly）少校出版了《丛林和河流作战训练手册》（*Manual of Training For Jungle And River Warfare*）一书。官方著作《丛林作战训练笔记》（*Notes on Training in Bush and Jungle Warfare*）于 1922 年发布，又于 1930 年进行了修订。在大众想象中，穿越丛林永远只能靠汗水和锋利的砍刀。但事实上，在二战中，只有在别无选择时，人们才会这样做——这种情况一直持续到今天。

在丛林中，日军所谓“斩込队”（Chopping Group）每小时只能前进 0.25 英里，而且不可能不间断连续行进。在理想情况下，他们每天也只能行进 4—6 英里。日军步兵第 42 联队因为在马来亚金宝（Kampar）地区“炎热地狱”中的表现而备受关注，但其在丛林中三天也仅行进了 3 英里。美军的一份训练资料称，一名训练有素的士兵五小时“仅能清理 100 码长的小径”，如果遇到轮换人员不足、天气恶劣或敌军袭扰等情况，其每日推进速度经常无法以英里来计算，而是需要以码来计算。由于在丛林中开辟道路的工作进展缓慢、耗费体力，还会发出巨大噪声，英军第 10 俾路支团第 7 营（7/10th Baluchis）的约翰·兰德尔（John Randle）中尉称其为“毫无意义的做法”。

在大部分情况下，各国军队还会利用少数道路驾驶机动车辆前进，或者沿着丛林水道驾船行驶。如果道路和河流“消失”，他们就只能在定居点和种植园之间摸索前进，并寄希望于能找到一条难以辨认的原始小径。如果身处渺无人烟之处，他们就只能沿着溪流前进——此时水蛭将成为主要危险。然而，在丛林中辨别方位并不简单，弗格森少校形容，在丛林中，人如同“身陷海底”，如果登上高处，瞭望四方，将感觉到如同“离开舱底，骤见天日”。而日军则使用了其他比喻，尾川正二（Ogawa Masatsugu）认为新几内亚是一片“绿色沙漠……遍地葱茏，终年不绝”。在这里，军队要面对的问题不只是缺乏地标。随着作物轮种，种植园和丛林的位置几乎每年都会变换。在一些地方，丛林居民每隔一段时间就会放弃原来的村庄，另觅其他地点定居。新的定居点可能会保留旧名，也可能会加上后缀，如“某某北”或“某某新村”。

## 丛林战场

在上述环境下，只有一个兵种真正适合丛林作战。美军在作战手册中简单扼要地写道:“丛林作战主要由步兵遂行，近战是其主要特征。其他兵种的支援往往不可行，或者不可能。”在丛林中，步兵承担了大部分战斗任务，也承受了大部分伤亡。以印度第26师[即“虎头”(Tiger Head)师]为例,1944年在缅甸，该师共有2255名官兵战斗减员，其中约四分之一的人阵亡：93%的伤亡来自步兵，3%的伤亡来自炮兵，仅有1%的伤亡来自工兵，其余3%的伤亡则分布在医疗、通信、指挥机关、皇家印度陆军勤务部队(Royal Indian Army Service Corps)等部门。

在1941年—1945年，丛林有三个方面不利于步兵作战。第一是视野和射界受限，这迫使部队调整小分队战术。第二，丛林地带运输不便，不仅影响了部队作战、伏击和巡逻的方式，有时还给物资和重装备运输带来了严酷挑战。事实上，仅仅是为士兵提供必需品都困难重重。斯利姆(Slim)将军提到过许多具体问题，例如牛奶变质、纸箱腐烂和罐头生锈等。二战初期，日军也饱受食品包装不密封的问题困扰，而到战争末期，随着日军运输能力降至最低点，其后勤状况更是雪上加霜。第三，热带气候让人难以忍受，潮湿、昆虫过多和积水也令疾病大肆蔓延——疾病的种类令人眼花缭乱，而且许多疾病在欧洲完全不为人知。霍乱和斑疹伤寒可以要人性命；发烧则会使人虚弱，并给在丛林中作战的部队造成严重减员——疟疾也是如此。疟疾是一种由寄生虫引起的疾病，会通过蚊虫叮咬传播，发作形式多样，包括隔日、隔两日或隔三日周期性发作。疟疾发病迅猛，戴维·阿特金斯(David Atkins)少校回忆道:

> 疟疾发病极为迅猛，其发病速度甚至超过了流感，而且病患体温也比流感更高。患者最初会感到发热和潮红，体温可升至104华氏度(约40摄氏度)。退烧后，病人会大量出汗。接下来，即使在卡车后座上颠簸摇晃，他们似乎也能很快恢复，尽管身体仍十分虚弱。

在很大程度上，二战中的丛林作战是这样一个“故事”：它是盟军与日军的较量，最终盟军利用新战术和新武器击败了敌人。它还是盟军成功适应自然环境的故事，并让盟军领悟到了一点：丛林不是敌人的盟友，相反，它“不偏袒任何一方”。

暮色中的战争：一名第 36 师的廓尔喀士兵正在示范如何用竹枝和简易伪装来隐蔽身形——本照片是于 1944 年，在缅甸伊洛瓦底江畔密支那（Myitkyina）至杰沙（Katha）的“铁路走廊”附近拍摄的。（女王兰开夏团供图）

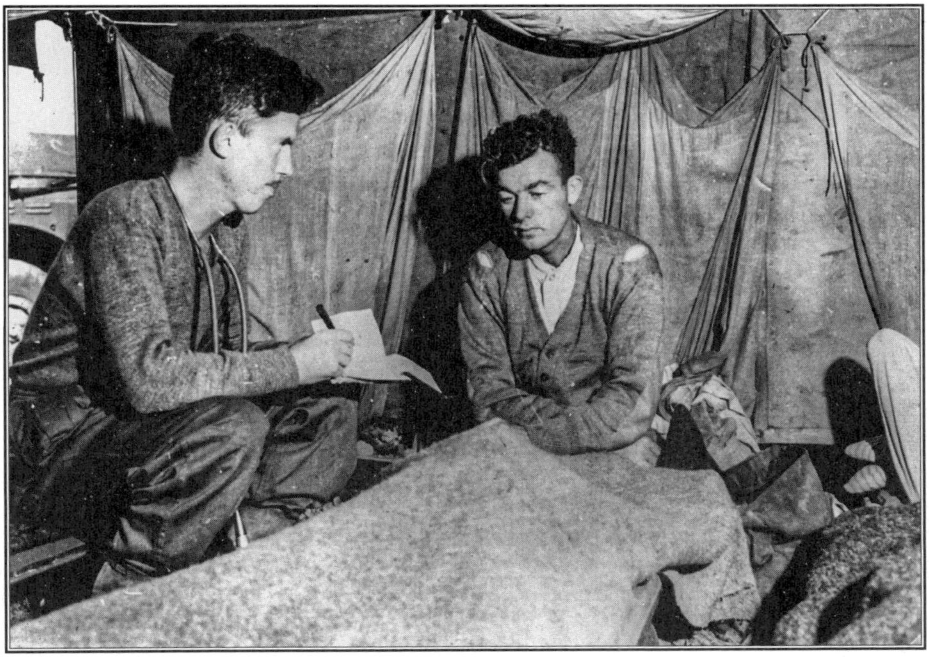

*战斗疲劳：一名英军士兵在缅甸接受皇家陆军医疗部队（RAMC）第 154 野战救护队（154th Field Ambulance）军医的询问。在丛林地区，除了高频率近战产生的压力，气候与地形同样令各国士兵苦不堪言。当地气候极为潮湿，不仅会引发恼人的皮肤病，还会让伤口难以愈合。而罹患疟疾的风险也如影随形，一旦感染这种疾病，寄生虫就将在肝脏中孵化，并可能在数月甚至数年时间里反复发病。在缅甸等地，蚊子虽不如日军致命，但因它们而丧失战斗力的士兵依然大有人在。1943 年，半数驻缅英军和印军士兵都曾因患上疟疾而住院治疗。[女王兰开夏团（Queen' s Lancashire Regiment）供图]*

# 盟军败北，1941年—1942年

## 英国和英联邦国家的军队

常有人说，盟军之所以在1941年年底至1942年年初败北，主要是因为敌人的“丛林作战训练”更为优越。在解释于新加坡发生的灾难时，英军文件也提到敌人“事实上是久历行伍的老兵，而且其丛林作战训练更优秀”，但这完全是避重就轻，没有道出问题的本质。

实际上，驻东南亚的英军是一支混杂的“帝国部队”，其中大多数为印度部队（其人数至少占步兵总兵力的一半）。印度部队并不是一个“同质化”的整体，部队里的士兵语言各异。虽然由于历史和文化传统，印度士兵仍忠于部队军官和英国政府，并以此维系着凝聚力，但印度境内的各种骚乱致使部分部队士气受挫。而且，印度的种姓制度也经常与军衔制度格格不入。奥德·温盖特（Orde Wingate）将军对印度部队极为不屑，将其比作组织严密的“户外救济系统”——换言之，他认为印度部队存在意义更多在于为穷人提供职业，而不是充当现代军事力量。此外，印度部队作战训练的重点也是“适应西北边境作战”（当地条件恶劣，乱石嶙峋，但地形开阔）。尽管几经争论之后，英国开始为印度陆军推行摩托化计划，但其关注点在丘陵和平原，而非丛林。正如一位廓尔喀历史学家所说的那样，印度各营不经意间陷入了“训练内容与实战大相径庭”的困境。第10廓尔喀来复枪团（10th Gurkha Rifles）的历史记录显示，在受命驻扎于西隆（Shillong）时，该部队的士兵非常失望，因为当地丛林茂密，根本不适合各单位开展旧式训练。

在印度陆军中，步兵的武器颇为老旧。印度陆军于1933年正式采用了维克斯-贝蒂埃（Vickers Berthier）轻机枪，但许多部队直到1936年仍在使用老旧的刘易斯机枪（Lewis gun）。而且，在印度陆军中，步兵迫击炮同样列装缓慢（相关训练也十分欠缺）。值得注意的是，印度工厂仍在持续生产一战时期的SMLE步枪（即李-恩菲尔德短步枪），而英军此时早已换装了更先进的No.4步枪。至于各种冲锋枪，在印度陆军更是少见——这一情况直到他们被日军击败后才有所改观。

1938年，印度陆军副参谋长奥金莱克（Auchinleck）将军曾抛出一个令人沮丧的观点，他认为印度陆军“不适合”与现代化敌军作战。也正是基于这种研判，当战争爆发时，英国仅安排印度陆军承担一些基础任务。陆军新闻局（Army Bureau Of Current Affairs）发布的《战争》（*War*）公报指出，当时印度陆军的任务包括：防御印度边境；平定内乱；“为印度的外部防御提供地面部队——规模相当于一个师”。1939 年 9 月以后，情况进一步恶化。由于大规模征兵，位于远东地区的印度部队的技战术水平被“稀释”，最优秀的军官和基层指挥官也被“抽调殆尽”。印度精锐部队被调往北非和中东战场，频繁投入作战。印度第 8 旅旅长基伊（Key）准将的抱怨颇具代表性：他麾下每个营平均流失了 240 名最好的士兵，补充的新兵仅接受过 50 发实弹射击训练。

事实证明，在马来亚和缅甸战场，为印度陆军提供后勤保障尤其麻烦：不同宗教信仰的士兵需要不同的肉类（有些士兵甚至不食用肉类）；罐头肉普遍不受印度士兵欢迎。虽然酥油和牛奶可以弥补上述问题，但它们不便储存。考虑到印度西北部或中东最可能发生战事，印度陆军将大部分物资都集中在了这一方向。而且与步兵部队相似，该国的运输部队里也满是缺乏经验的新兵。

戴维·阿特金斯（David Atkins）少校指出，他所在的第 309 通用运输连（309th General Purposes Transport Company）仓促补充了 400 名各级士兵。因语言不通，这些士兵被分为了两个马拉雅拉姆语（Malayali）排、一个泰米尔语（Tamil）排和一个泰卢固语（Telegu）排。此外，第 309 通用运输连里很少有人会驾驶机动车，在加拿大制造的福特 3 吨卡车运抵该连前，士兵们只接受了最基本的训练。阿特金斯记录道：

> 第二天早上，我们试了一下卡车……前轮承受了车辆一半的重量，转向异常笨拙。司机的位置很高，在转弯时很难判断情况。虽然此时大多数人已有 20 小时的上路经验，但他们主要是驾驶轿车在平原公路行驶，而且几乎都是跟随车队前进——这就是他们作为司机的全部经历，毫无应对常规前线交通的经验。

1941 年 12 月日军进攻前夕，保卫马来亚的主力部队是印度第 9 师和第 11 师。这两个师都是专门用于沙漠地区的摩托化部队。英国虽然在宣传片中大谈“新加坡要塞”，并宣称马来志愿者拥有丛林技能，伏击敌军不是难事，然而，由新兵驾驶的卡车只能在逼仄小径上挣扎前行。在马来亚北部的古伦（Gurun）之战前，第 88 皇家野战炮兵团的德奥布兹（D Aubuz）中校曾见证过以下混乱景象：

> 麻烦来得很早，大约凌晨 0 时 30 分，第一批印度司机就乱哄哄地涌向营地的两个入口，他们无视交通警察，导致这两个出口被彻底堵死。全团无法前进。我们耗时 45 分钟，多次拔出左轮手枪威胁，才清理出通道，让全团通过。

在缅甸战场上，第 309 通用运输连的经历同样糟糕。随着道路变得越来越泥泞不堪，在单向山路上，有的卡车打滑，有的卡车抛锚横在道路中央。此时，士兵必须将抛锚的卡车推到一边。重型卡车在丛林小径上能达到每小时 10 英里的速度，便实属万幸了。如果遇上了恶劣天气和陡坡，卡车的前进速度甚至与人步行的速度差不多。

更糟糕的是，英军在战争初期便已丧失在马来亚的制空权，日军飞机经常重点打击盟军车辆纵队、运输节点和渡口。事后，比尔·斯利姆将军指出，英军实际上是被困在了自己的机械化运输“铁罐头”里，而日军车辆短缺的弱点反而成了优势。在缅甸，由于英军一开始兵力较弱，加上反英的“缅甸独立军”（Burma Independence Army）不断袭扰，上述战术问题甚至更加严重——不过在当地，撤退的部队至少有退路可寻，能够向印度方向快速后撤。

虽然印度陆军体制问题严重，官兵表现拙劣，但我们不该将失败全部归咎于他们，因为这样很不公平。在远东，英军参谋军官对未来战争的设想严重脱离实际：他们普遍低估了日本人，训练和装备思路也很过时。最近，蒂姆·莫尔曼（Tim Moreman）、艾伦·杰弗里斯（Alan Jeffreys）等人在研究中指出，印度陆军总司令部军事训练处（Military Training Directorate）虽然在 1940 年编写了《丛林作战指南》（*Notes on Forest Warfare*）手册，但在马来亚，该手册仅发放给了高级指挥机构。另一本简易手册——《马来亚战术指南》（*Tactical Notes for Malaya*）——虽然发放范围较广，但实际影响有限。当时，多数印度步兵部队接受的战术指导可能只来自两本书，即 1937 年版《步兵训练》（*Infantry Training*）和 1938 年版《步兵班指挥》（*Infantry Section Leading*）。然后，这两本教材主要针对的是温带开阔战场，涉及“丛林作战”的章节不仅内容极少，还有严重缺陷。例如《步兵班指挥》虽然指出步兵纵队在密林中行进时易遭伏击，但却建议“立即冲锋”克服抵抗——尤其是在遭遇“未开化的敌人”时。在方位判定方面，该手册仅强调“须时刻注意”保持方向，并称“如果一个人熟悉森林和丛林技能，就会产生一种方向直觉”。

出于求知欲，很多军官会查阅大量文献，了解在远东服役的注意事项。但这些文献大部分要么毫无用处，要么内容严重过时。其中一个典型是《部队热带技巧》（*Tropical Tips For Troops*），该书于1941年由伯克（E.T.Burke）中校出版，其内容颇为滑稽。该书指出，如果“你是一名军官，并且想要前往远东，热带厚软木盔是很重要的装备”，在离开英国前，“你应请某位热心的女友用蚊帐缝制一个‘钟形罩’，以便保护头部免遭蚊虫叮咬”。针对酷热天气，伯克推荐使用“脊柱垫”（Spine Pad）——一块厚实的卡其布料——将它们缝在衬衫或制服上，以垂直覆盖住背部和脊柱。① 另外，该书还指出，军官必须在睡觉时佩戴羊毛“防霍乱腰带”（Cholera Belt）②，必要时可以“在腰腹部缠绕一条绑腿”作为临时替代品。另外，该书还建议携带三副太阳镜、苍蝇掸、苍蝇拍，以及在山区御寒用的羊毛睡衣。该书并未给出实战指导，却强调维护“文明生活的体面”，避免“沦为土著”。伯克并不嗜酒，他严厉警告新手不要堕落成“体表污秽、浸泡在杜松子酒里的废人，这会招致当地人最深切的鄙夷”。而且，他认为白天要尽量少喝水，并“尽量避免适应环境与接近当地人，以免染上恶习”。

尽管1941年时英国军队缺乏丛林作战训练的程度令人咋舌，但仍有一些单位堪称训练有素。其中一个典型是阿盖尔和萨瑟兰高地人团第2营（2nd Bn Argyll & Sutherland Highlanders），其指挥官伊恩·斯图尔特（Ian Stewart）少校因坚持让士兵深入丛林进行训练而遭到嘲笑。该营的官兵甚至得到了一个绰号——“丛林野兽”。斯图尔特虽倾尽全力，但由于人事调动和形势混乱，该营始终未能完成系统性训练。阿萨姆步枪队（Assam Rifles）和皇家西非边防部队（Royal West African Frontier Force）也有擅长丛林行动的士兵，不过迄今为止，各种资料中关于他们的记录依然非常有限。

---

①当时的医学界认为，阳光照射脊柱会导致发烧和中暑。

②“防霍乱腰带”是19世纪和20世纪上半叶英国陆军的标准装备。英国民间一度认为霍乱是因腹部受寒导致的，“防霍乱腰带”有助于保温，可防止佩戴者染病。尽管后来现代医学证实霍乱与饮用水污染有关，但仍有军队使用“防霍乱腰带”。

在远东爆发战争前，英军的丛林作战训练虽非空白，但所受重视程度极低。在1941年的马来亚战役中，英军士兵在修筑工事方面耗费了太多时间，未能及时开展丛林作战训练。在本照片中，阿盖尔和萨瑟兰高地人团第2营的士兵刚刚结束训练，正在列队回营（队列前方有风笛手引路）。该营曾在丛林地区创下三日行军60英里的纪录，让很多人震惊不已。该营营长是伊恩·斯图尔特少校，和庸碌无为的同僚们不同，他坚持进行丛林作战训练。英军溃败后，高层才开始重视斯图尔特少校的观点和经验。照片的士兵身穿KD制服，头戴遮阳头盔。[帝国战争博物馆（Imperial War Museum）供图，图片编号180171]

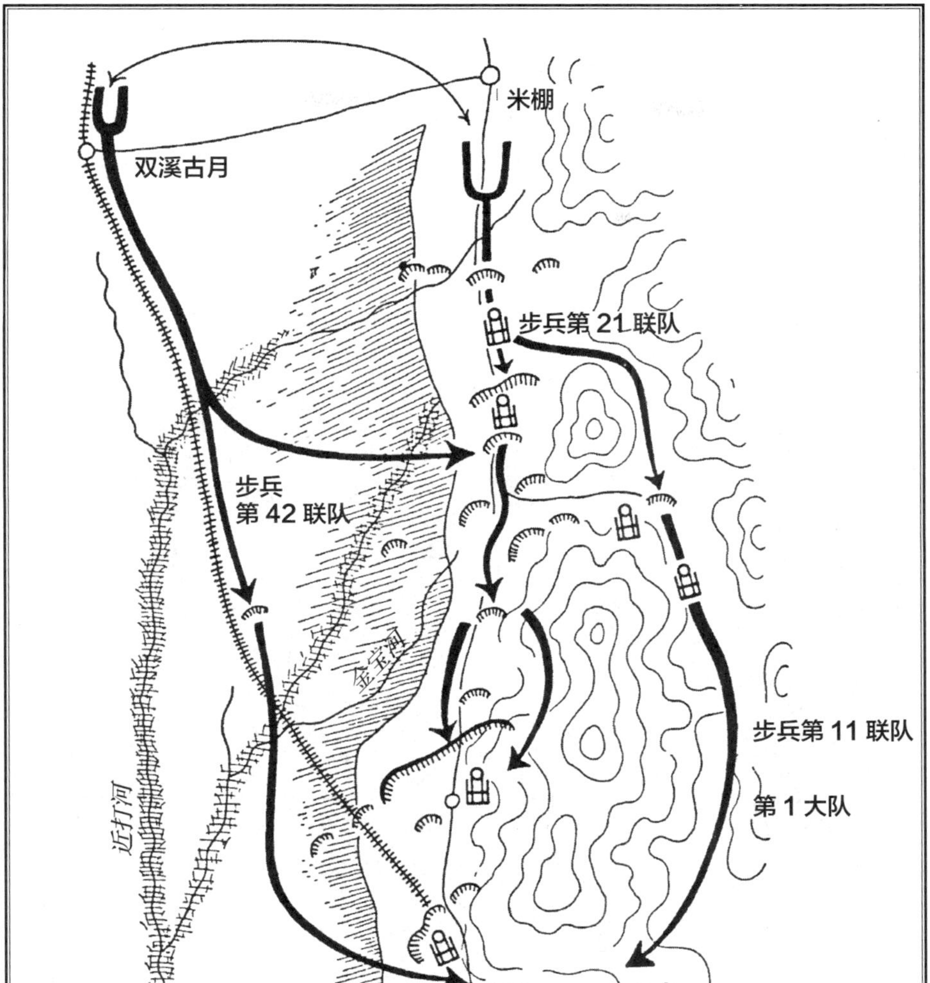


*1941 年 12 月 30 日—1942 年 1 月 2 日，日军在马来亚的金宝（Kampar）地区使用“蝎子战法”的一个变种攻击盟军。根据安排，日军进攻部队兵分两路，其中一个纵队与印度第 15 旅正面交锋，而步兵第 42 联队（即“安藤联队”）则沿着铁路穿过丛林，出现在盟军后方。*

澳大利亚第8师在抵达战区后立即开展了丛林训练。其中，安德森（C.G.W.Anderson）少校及其麾下的第2/19营据说尤其战绩辉煌——他们借助丛林技巧和开火纪律，利用日军步兵习惯“扎堆”进攻的弱点，一度取得了对日军的“心理优势”。但任何成功都是短暂的，在日军朝新加坡长驱直入期间，澳军很快也像英军和印军一样崩溃了。

*印度士兵正在往吉普车上搬运战利品——一挺缴获的日制7.7毫米九二式重机枪。该机枪的基本工作原理与风冷式霍奇基斯（Hotchkiss）机枪相同。虽然其设计已略显落伍，但在步兵作战中，由于日军缺乏火炮支援，该机枪仍具有重要的战术意义。*

## 美国军队

美国陆军也有在丛林作战的传统，这种传统可以追溯到1898年的圣地亚哥（Santiago）战役。1916年，美军一支分队成功徒步穿越了巴拿马地峡。位于本宁堡的步兵学校（Infantry School）也对丛林作战有所涉及，该校于 1936 年 7 月发布的《步兵学校通讯》（*Infantry School Mailing List*）简要总结了相关教学内容，只是该文件的传播范围有限。

虽然美军没有为丛林作战制定详细战术，但已清楚认识到："由于视野受限、交通困难、运动与控制复杂，丛林作战只适合小分队进行有组织的活动。因此，丛林作战训练应注重让指挥官下放权力，并让下属发挥主动性。"该文件还指出，"在丛林小径上，每个纵队最多只有一两个先头班能有效作战"，大部队容易在丛林环境中施展不开。

美军认为，为穿越茂密植被，伐树开路的经验必不可少。此外，部队还应考虑开辟多条小径，以便为侧翼机动创造条件。在开路时，刺刀无法派上用场，美军建议"配备博洛刀、大砍刀等大型刀具。其中重型博洛刀不太理想……而巴拿马式大砍刀则是最好的丛林砍伐工具，其形状类似于长版屠刀，重量稍重，而且……靠近刀柄处更窄"。值得注意的是，当时的美军认为机枪、37 毫米步兵炮和迫击炮都不适合进行丛林作战，而是更青睐于使用步枪与刺刀。

珍珠港事件发生时，美国陆军仍没有基本的丛林作战野战手册。野战手册 FM 31-20《丛林作战》（*Jungle Warfare*）直到 1941 年 12 月 15 日才发布，虽然该手册很有价值，但其内容主要来自"西半球丛林行动经验"，不符合前线环境。即使如此，与 1936 年的《步兵学校通讯》相比，该手册仍有不少进步，包括建议综合运用多种步兵武器，尤其是"弹药补给便利、适合在复杂地形条件下运输的短程武器"。该手册提到的主力武器包括步枪、刺刀、自动步枪、手枪、冲锋枪、手榴弹和大砍刀，"辅助"武器包括轻机枪和 60 毫米迫击炮，至于重机枪和 81 毫米迫击炮只能在可进行水路运输或畜力运输时使用。此外，《丛林作战》还将弹药补给视为取胜的关键因素，并明确指出：

> 手枪与冲锋枪优势巨大，即它们可以使用同一种轻型弹药。刺刀与手榴弹可以在步兵近战中发挥巨大作用，但手榴弹过于笨重，不适合大量运输。大砍刀既是士兵的必备工具，也是出色的近战武器。

《丛林作战》警告美军指挥官，要想取得成功，就必须"坚决执行"既定计划，因为在丛林中，行动一旦开始就很难改变。与在开阔地作战不同，在丛林中作战时部队更适合采用包围战术。而且，在丛林中采用包围战术的心理威慑效果也更为显著。此外，该手册建议部队应当以纵队的形式推进——其中前方分队组成班纵队，远离敌军的单位则组成排纵队。接敌后，最好的应对手段是主动进攻。侦察兵和巡逻队应尽量"悄无声息"地击溃敌方前哨部队。如果侦察兵和巡逻队遭遇顽强抵抗，突击部队需立刻展开，并通过正面攻击和机动战术瓦解敌军，最终将其歼灭。该手册还指出,由于在丛林中接敌容易演变成许多独立小规模交火,"下级指挥官的主动性和部队领导能力至关重要"。

在丛林中，实施防御同样困难重重——因为植被不仅可以掩藏进攻方的踪迹，还会限制防御方的火力协调。在设防时，为确定能阻碍敌军推进的阵地，部队经常需要大费周折。《丛林作战》认为：

> 理想的防御阵地应"对敌军推进构成实质性威胁，并能削弱对手"，最适合构筑防御阵地的位置应当是高地，如果防御阵地前方有河流、峡谷或密林等自然障碍就更好了。防御阵地之间不应隔得太远，以便减少视野限制，共享支援武器。尽管守军很难为自动武器开辟适当的射界，但仍可以制造多条"通道"，以便从侧翼开火射击，使敌军难以穿越。在设防时，部队应只修剪树木的下层枝干，并保留树冠层，从而妨碍敌军实施空中侦察。

尽管如此，1941 年的美军"理论人士"显然仍在从"战线"而非"全方位防御"的角度来思考问题，并认为确保侧翼安全至关重要。

1941 年版《丛林作战》最终几乎没有发挥作用。该手册发布之后不久，美军就被赶出了菲律宾。尽管美军也取得了一些胜利 [ 例如美军于 1942 年 1 月在巴丹（Bataan）歼灭了一整个日军大队 ][①]，但其总体表现并不比英军好多少。

---

①日军"大队"的规模相当于营，"联队"的规模相当于团，"中队"的规模相当于连，"小队"的规模相当于排，"分队"的规模相当于班。

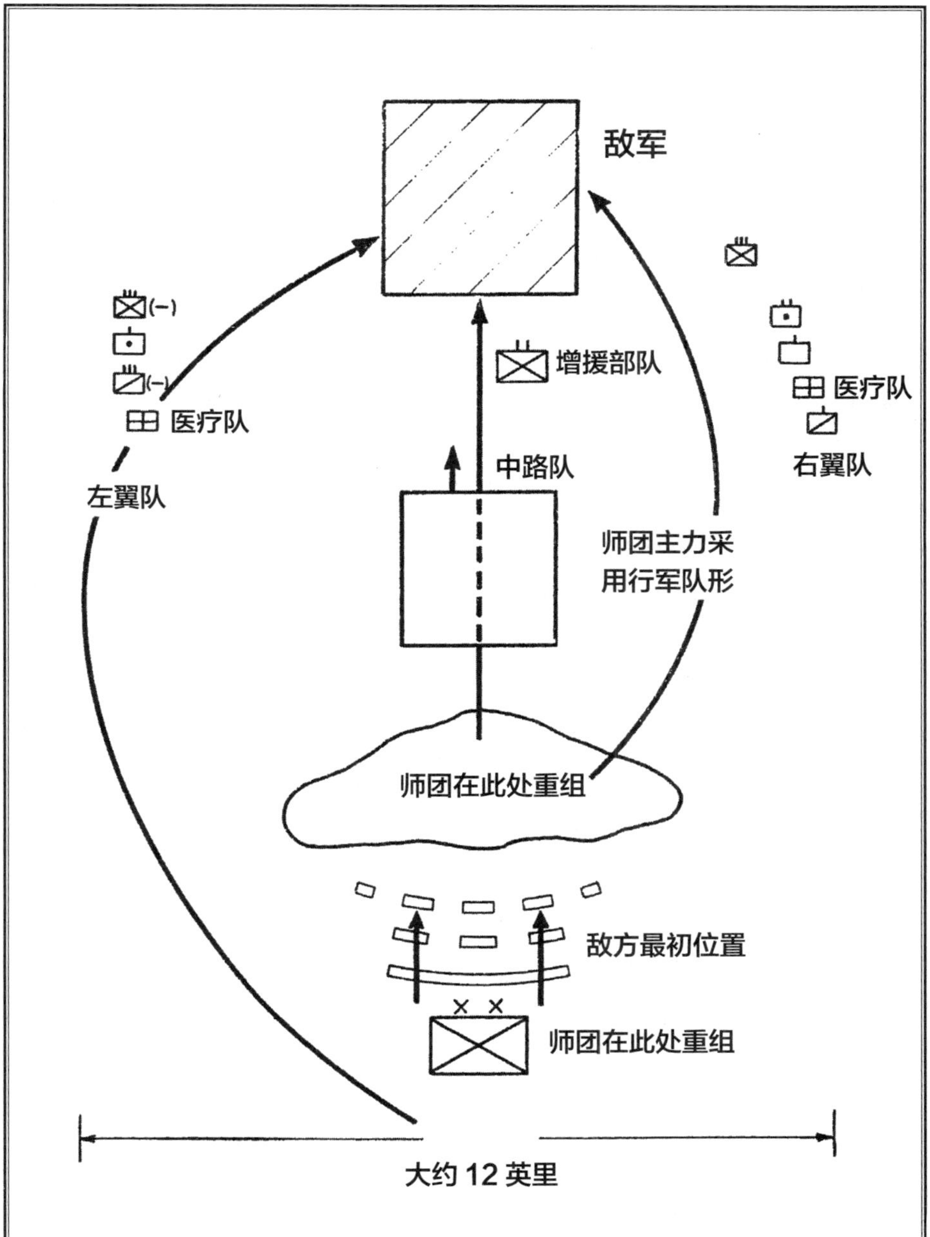


*美军在《日本军队手册》中展示的日军战术。在师团层面，日军还会派出纵队实施两翼包抄。其“左翼队”和“右翼队”可能位于主力部队两侧数英里处。当主力前进时，这两支纵队也会相应前移，且推进距离与主力保持一致。*

# 日军，1941 年—1942 年

在丛林中发起进攻时，日军恪守着两大原则——“准备充分”和“出其不意”。1940 年年底，辻政信大佐开始专门研究进攻马来亚的后勤与战术问题。值得注意的是，日军认为：虽然盟军可能在兵力上占据优势，但丛林中的道路有限，大部队难以展开，交战双方容易进入“白刃决胜”模式。也就是说，这种特殊战场形态既为日军创造了“理想的作战条件”，又促使他们在战术上“推陈出新”。此外，辻政信还做出了一个准确判断，泰国、马来亚北部和新加坡之间的 250 座桥梁具有“咽喉”意义。这让日军为每个师团配备了一个工兵联队，并开展了桥梁抢修训练。

虽然有说法称，所有日本士兵都接受过“丛林训练”，但这实际上是大错特错的。在 1941 年以前，日军的新兵训练内容中几乎没有专门的热带作战训练科目。当时，日军更强调传统军事技能训练，如队列操练、公路行军、刺刀格斗、射击训练、小队战术和泅渡等。在日军中，大多数新兵都来自乡村或小镇。和盟军一样，丛林同样令大多数日军叫苦不迭。在新几内亚战场，当补给断绝并出现“人吃人”现象时，日军中甚至流传起了“林中恶鬼”的传说，还有人对此深信不疑。但不可否认，日军的实战经验往往较为丰富。《澳大利亚官方战史》（*Australian Official History*）是这样记载的：

> 日军登陆、筑路和架桥技能娴熟，组织结构多变，经常组建临时战斗单位。日军的装备比较轻量化，很依赖迫击炮和小口径火炮，而非标准野战炮，他们配备的也是轻型坦克。此外，日军很重视包围战术。

但另一方面，大部分日军都很少接受丛林作战专项训练。据辻政信大佐回忆：“虽然近卫师团在进驻法属印度支那（Indochina）南部期间获得了一些经验，但当地的沼泽丛林环境并不像马来亚一样凶险。”后来，这些知识被汇编起来，成了一本手册的次要组成部分。该手册有个颇具鼓动性的名字——《一读必胜》（*Read Only This–And The War Can Be Won*），并被分发给开赴马来亚的日军士兵。该手册告诉士兵：

马来亚的炎热程度堪比日本盛夏，全年气候温暖，可谓是“常夏之国”，但也有雨季和旱季。由于饮用水获取困难，因此所有人不仅要灌满水壶，还要使用啤酒瓶等其他容器来装水。此外，还可依靠椰子汁、菠萝汁及紫藤蔓汁液来补充水分。为应对极端酷热，行军应在正午暂停，士兵可以在军帽内垫一些草叶或小树枝，使其从帽檐周围垂下来，以增强遮阳效果。

此外，该手册还建议士兵在钢盔内部、太阳穴附近绑一条头巾，以避免汗水在战斗中流到脸上，以及应尽量在就寝前换上干燥衣物。

在丛林地区，日军的“大敌”是疟蚊。《一读必胜》写道：“自古以来，在热带地区病死的士兵数量远远超过战死沙场者。在日本的热带区域，只需要防范‘病从口入’，但在南亚还需要防范蚊虫与毒蛇……死于疾病或疏忽将毫无光荣可言……此外需谨记，当地女性几乎都携带性病……”为应付蚊虫，日军被要求使用驱虫剂、服用抗疟药物，或者点燃驱虫香。另外鲜为人知的是，如果遇到毒蛇，《一读必胜》不仅建议士兵将其杀死，还建议生吞蛇肝、烹食蛇肉，因为在日本人看来，它们都是“大补佳品”。

《一读必胜》给出的纯战术建议非常有限。尽管该手册宣称英国人及其殖民地附庸部队能力不足，但由于对方可能占据了战略要点和防御工事，因此也不可太过轻视他们。该手册指出：

在登陆地点击溃敌军后，不可进行休整，而是必须通过潮热热带地形，实施强行军或快速机械化奔袭，立即攻击敌军主阵地。为躲避敌军预有准备的集火射击，并达成出其不意的效果，部队应频繁进入丛林，或者在沼泽及稻田中跋涉前进。

《一读必胜》指出，“意志软弱的西方人”经常将丛林视为不可穿越的屏障，但日军可以利用丛林来实施机动包抄。该手册认为：在竹林中行军时，可穿过竹子稀疏的区域，并沿途砍伐竹枝，或在竹子上划出刻痕，让竹子外皮下面的白色部分暴露出来，从而形成路标；在竹林中，日军应在发动进攻前尽量抵近敌人，然后一拥而上；在实施防御时，虽然小片竹林可以提供有利条件，但士兵必须注意子弹穿透竹子时产生的“可怕声响”，这种声响会令未经训练者士气崩溃。此外，穿越甘蔗田行军同样是一大挑战。

值得一提的是，日军常让侦察兵引路。侦察兵会利用指南针来判断方向，然后利用梯子攀爬树木为部队指引方向。

日军作战物资主要由师团辎重队负责运输，但以西方军事标准衡量，其后勤体系存在缺陷，尤其是辎重队力量薄弱且大量依赖“落后”的驮畜和挽畜。日军还会使用盟军在突围后遗弃的物资，即所谓的“丘吉尔口粮”。当遭遇盟军系统性物资销毁时，日军会转而实施残酷的征掠手段。日军还非常强调单兵在丛林地区的忍耐能力。正如美军在1944年10月出版的《日本军队手册》（*Handbook of Japanese Military Forces*）中所述：“日军通过高速推进与猛烈突击来击溃敌人，并依靠野战生存能力、白刃战素养和超常忍耐力达成作战目标。事实表明，大多数日军训练有素，能在缺乏详细指令的情况下持续作战。”根据辻政信大佐的说法，在入侵马来亚时，日军每个步兵联队都配备了约50辆卡车（相较之下，1941年英国或印度的师级部队编制内通常有约2000部车辆），但如果卡车无法前进，步兵也经常会在自行车部队引导下继续徒步作战。日军在丛林中取得成功的关键在于步兵的组织和战术完全适应环境。谢尔福德·比德威尔（Shelford Bidwell）指出，日本陆军“纯粹由步枪和刺刀组成”，这一点也许不无道理——日军的主要编制形式是步兵联队与步兵师团，他们将火炮和坦克视为步兵的近距离支援武器。日军的装甲车辆与火炮虽然落后于西方国家的军队，但丛林限制了车辆机动能力和武器射界——也就是说，日军装备的劣势被环境抵消了。这也导致步兵成了决定战斗胜败的关键。

日军战术条令的核心是“进攻至上”，并极端推崇白刃战，将其视为某种“铁则”。虽然在开阔地带，这种战术必定会让他们损失惨重，但在丛林中——尤其是在夜间——由于盟军难以远距离消灭日军进攻部队，很多日军士兵反而能因此存活。《日本军队手册》记载道：

> 日军强调进攻、突袭、快速机动，各级指挥部门和参谋机构经常靠前部署，以便随时了解情况。他们的战术建立在一个原则之上：即简单规划、强力执行，并配合速度与机动，从而打乱敌方计划，最终确保胜利。无论攻防，日军作战命令中都要求“歼灭敌人”——从上到下都是如此。日军永远会利用突然性，并以

包围为主要攻击形式。日军还要求部队进行全面侦察，而且格外强调渗透。在有些情况下，按照其他国家的标准，日军在兵力上完全不足以发动进攻，但他们仍会强行为之——这是因为他们认为自己很优秀。

日军认为，这种优秀来自精神力量——即凭借意志力，克服敌人的物质和数量优势。在实践这一“信条”时，日军不仅召唤出了古代的武士道精神，还吸收了1860年—1914年间法军与德军在进攻方面的战术思想。这自然催生了一种盲目冲动的混合体。

手持有坂6.5毫米三八式步枪的士兵。（帝国战争博物馆供图，图片编号HU72213）

## 进攻战术

日军《步兵操典》(*Field Service Regulations*)中的步兵战术与一战初期欧洲军队的教范颇为相似，其内容包括“先确定敌军位置，然后向目标前进”，接下来“展开为横队，并设法与敌军肉搏”，同时“根据具体情况决定是否运用火力”。如果敌军没有立即后退，日军将利用进攻部队先头力量进行牵制，并投入预备队实施包抄或包围，给予敌军致命打击。20世纪20年代轻机枪诞生后，这一基本进攻模式发生了一些改变。后来，日军还在此类行动中使用了迫击炮和轻型坦克，但这些装备只是增强了进攻威力和突然性。根据规定，日军从行军纵队转入冲击分为四个阶段：

分进(Bunshin)：行军纵队在敌方炮火射程外分散为小队，开始接敌运动。

展开(Tenkai)：沿展开线(Tenkaisen)部署，准备执行战斗任务。

疏开(Sokai)：以小纵队(分队)为单位，从展开线向前推进。

散开(Sankai)：在最后数百码冲击中完成最终展开，以方便开火。

在此期间，炮兵将按照既定计划提供支援，并在最终阶段尽量把火炮推进到前线，以便直接支援主攻部队。在理想情况下，火炮应当距离敌军500码至800码。在日军的进攻计划中还包括“侦察”和“突入敌方前哨阵地”，但日军也要求这些行动不得耽误全面进攻。另外，日军虽然提倡在进攻中相互协调，但并没有做出硬性要求，而是允许下级单位抓住机会发起零散攻击。日军也不会为下属部队明确分派任务，这导致许多下级指挥官会相互竞争，以争夺“率先进攻”的荣誉——在日军中，哪怕一点退缩都会被视为奇耻大辱。

日军部队指挥官通常“靠前指挥”，其所做的战术决策主要是在进攻前调整兵力分配。通常情况下，日军会将部队分成至少两个“翼”，其中最强的一翼将成为主攻部队。日军经常利用夜色掩护推进至攻击出发线，然后在黎明时分发起冲击。在理想情况下，日军会尽量收窄进攻正面(一个大队的进攻正面仅有400码至600码宽)，并发起刺刀冲锋。

在丛林中，日军的战术发生了一些变化——日军士兵通常会组成纵队，在狭窄正面齐头并进。有时候，一个或多个纵队也可以单独行动，以便绕过障碍，发起深远迂回。这种战术也被盟军军官称为“蝎子战法”，即让一个纵队如“蝎钳”般钳制守军，而更强的主力部队则像蝎子尾部的毒刺一样抄袭守军后路。这些日军纵队经常不顾侧翼与补给线，穿越丛林，径直渗透盟军阵地和阵地周围，让盟军无所适从。日军先头自行车部队也经常肆无忌惮地沿着可用道路推进，直至遭遇火力阻击。以欧洲传统军事标准来审视，这种战术无疑是极为鲁莽的。但面对高度依赖地面交通线和后勤保障的英美军队来说，这种攻击模式却极为致命。遭受攻击的部队只有两种选择：快速脱离接触，或者陷入包围——如果是后一种情况，他们将几乎必死无疑。换言之，虽然日军严重缺乏运输车辆，但在丛林中，这种情况反而带来了战术优势。此外，在1941年12月—1942年1月，日军在马来亚取得了海空优势，这不仅导致许多守军完全丧失了战场感知能力，还为日军在后方多次发动两栖登陆创造了机会。

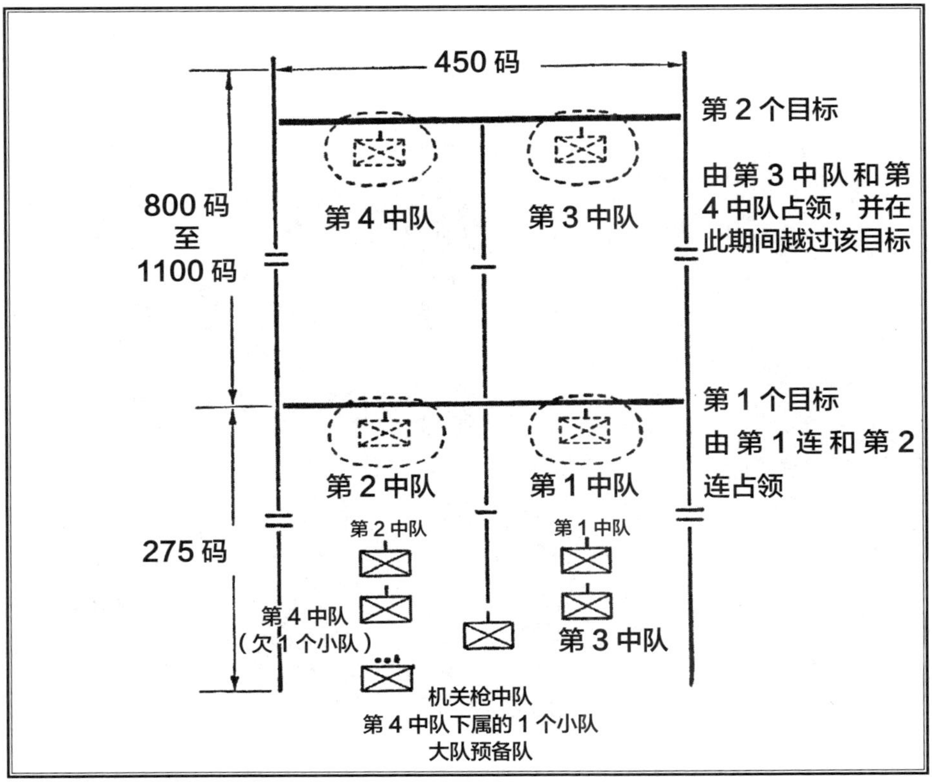


日军大队的夜袭战术。[摘自美军《日本军队手册》(*Handbook on Japanese Military Forces*)]

虽然日军不鼓励大规模正面进攻，但他们仍会向守军的弱点频繁发起正面攻势。虽然曲射和直射支援火力此时仍可以派上用场，但效果可能并不理想。因此，日军会更注重进攻速度和突然性。有时，他们还会采取更隐蔽的行动，以寻找守军的“软肋”。其中一个典型策略是引诱守军使用支援武器开火，随后呼唤密集的迫击炮火力实施压制，从而为其他日军消除前进干扰。某些次要进攻部队甚至不会真的发动进攻，而是会通过佯攻来制造声响，以牵制守军，使其不敢轻举妄动。

日军还经常在丛林中发动夜袭，他们会在狭窄正面集中部队，攻击预先指定的少量具体目标。如果条件允许，日军将发起仰攻——此举不仅可以避免士兵的轮廓过于突出，还可以通过上坡在黑暗中保持方向感。同时，日军还会在其他区域施放照明弹实施佯攻，以分散守军对主攻方向的注意力。发起夜袭的前锋部队将隐蔽渗透至守军阵地内部，并重点摧毁已查明的重武器，以便为友军发动主攻创造有利条件。

*这张图片展示了日本入侵马来亚期间所用“特别战法”的一个重要部分。根据任务安排，步兵将负责夺取丛林渡口，并确保当地安全；随行工兵将负责就地砍伐树木，搭建简易桥梁，以便装甲部队等单位快速前进。（女王兰开夏团供图）*

日军步兵。

## 伏击和欺骗

欺骗与伏击是日军战术的核心要素。辻政信大佐记载，为入侵泰国和马来亚，日军参战部队“经理部”（Intendance Department，即军需部门）专门为士兵提供了1000套泰国军服。在新几内亚战场，日军多次运用佯攻战术诱使澳大利亚守军离开防御阵地。日军还会制造噪声，或者让一两名士兵突然现身，以引诱守军开火。在许多丛林地区，尤其是在夜间，日军会派出士兵用英语高喊“撤退”或“史密斯下士出列”等命令，让对手不知所措。日军还会切断盟军的通信线缆，并用狙击手瞄准断线处，专门攻击前来维修的布线员。此外，日军还会在路障、战利品、食物、文件包上，甚至是伤兵身上设置诡雷。很多日军士兵甚至会诈降，并在双手上各藏一枚手雷。

1942年1月，英国陆军期刊《战争》（*War*）记载道：

在马来亚的日军是一群训练有素的匪徒，他们装备精良且轻便，战术大胆，诡计多端。其战术目的是快速渗透和包抄我军防线，并且一般会采用下列进攻方式：最初派遣一些穿着短裤、开襟衬衫和胶鞋的人员来查明我军阵地。如果情况允许，他们还会混入平民之中。一旦他们发回情报，在后方待命的强大部队就会投入战斗，并包抄我方阵地，从后方发起攻击。

在丛林中，最令人措手不及的攻击方式是伏击——日军的常见伎俩是在道路转弯处部署一门反坦克炮或一挺机枪。日军还会在弯道附近设置路障，如果盟军的车辆或部队减速，日军就会在极近的距离上开火。此外，日军还会用狙击手和诡雷进一步加剧混乱，以便主力武器操作人员有机会继续开火或转移装备。日军的另一种做法是暂时放过盟军先头部队，之后再从背后开火。一些老兵回忆说，在丛林中，日军最喜欢的伏击方式是从树上投掷手榴弹——如果手榴弹落在敞篷车辆上，将尤其致命。1942年2月在缅甸，伦纳德（Leonard）中校就经历过一次这种“树梢伏击”：

在道路前方不远处，我们发现了一辆被遗弃的英制30英担卡车，领头的坦克轰鸣着从右侧的排水渠驶过。我们的司机认为，自己这辆轮式运输车更适合从路的另

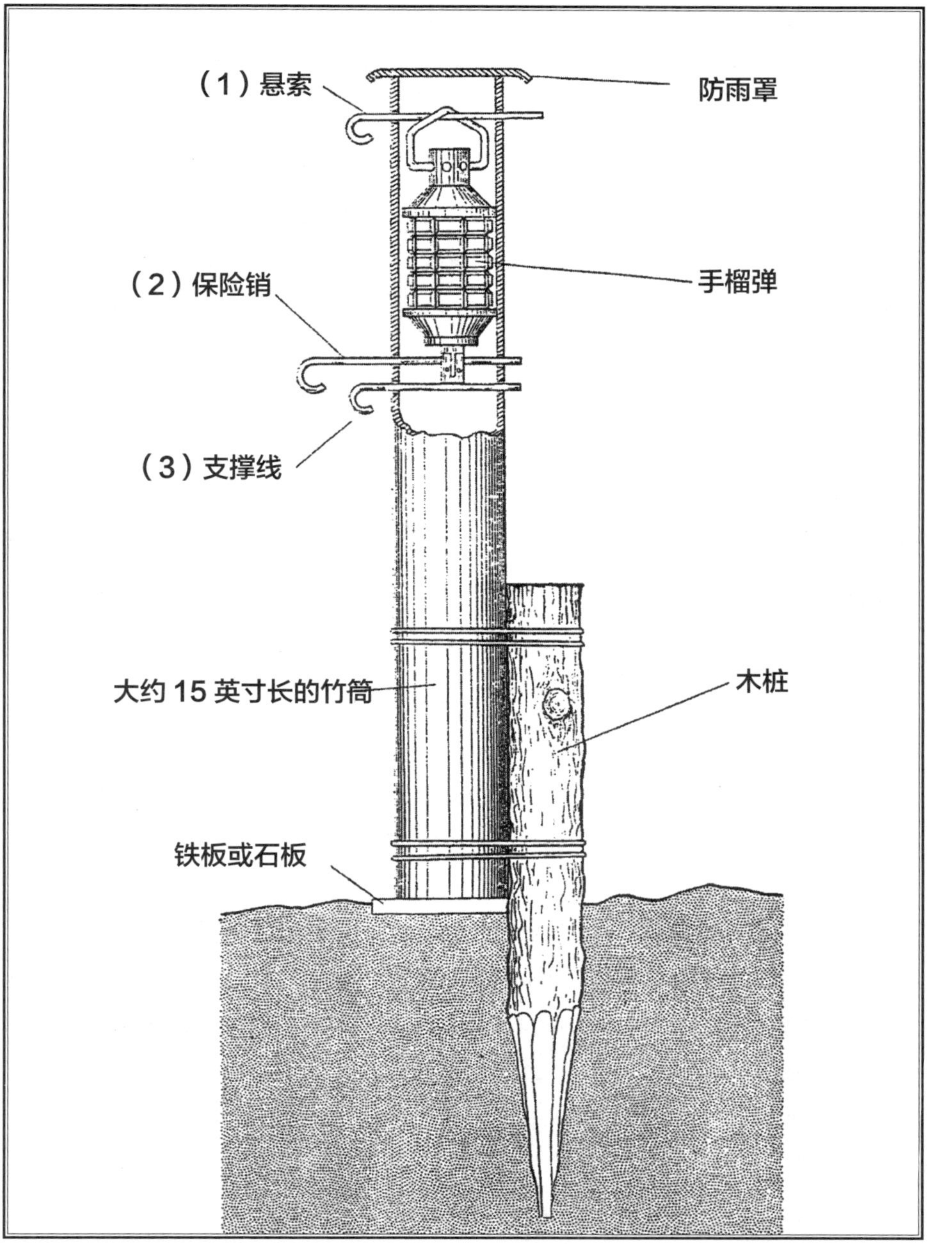


*这是一种日军用于封锁丛林小径的诡雷。日军九一式和九七式手榴弹拥有独特的引爆机制，在使用时，士兵需要将弹体在硬物上用力砸击一下，然后再投出。为让诡雷进入待发状态，工兵必须抽出手榴弹的保险和支撑线，并将它悬挂在竹筒内。如果有盟军士兵不慎撞上绊线，就会拔出诡雷上的悬挂销，导致手榴弹落到硬板上，从而触发引信。*

一侧走，于是把车开上了道路边缘，并刚好从一棵树下经过。就在这时，许多事情似乎同时发生了……轻型自动武器开火的刺耳声响传来。我的膝盖仿佛被一匹重型挽马踢中。就在运输车失控停下之际，我看见约翰·威克姆（John Wickham）和伊恩（Ian）瘫倒在一起。第二轮攒射接踵而至，子弹击中了我支撑身体的左臂，并让它歪向一边。我身体的重心瞬间前倾。就在这电光火石之间，第三波子弹阴差阳错地从我头颅一侧擦过，撞上后方钢板，开始在车厢内“弹跳”。当时，坐在运输车车顶的廓尔喀准下士（Lance Naik）一直在调试轻机枪，并立刻锁定了藏在树上的敌军。他迅疾的反击印证了第 4 廓尔喀来复枪团第 1 营（1/4th Gurkhas）的铁律，所有准下士都必须具有“首发命中”的素养。尽管威胁被及时清除，但运输车内已是一片狼藉。

在接受救护期间，伦纳德有四名战友伤亡，而他自己也被弹片和子弹制造了 68 处伤口。他在乘坐救护车去后方的路上又遭遇了一次伏击。这次伦纳德只能躺在车内，动弹不得。当救护车停下来的时候，一名日军狙击手爬上了车顶，而另一名带着反坦克步枪的日军则钻到了车底。

## 机枪战术

虽然在密林地区，重武器的作用相对有限，但日军仍坚持携带机枪发起进攻，并确保它们能派上用场。美军编纂的《日本军队手册》指出：

（日军）机枪通常两两一组，并靠前部署以支援一线步兵。日军会寻找掩蔽阵地，提前做好准备，以便精准开火，打敌人一个措手不及，从而迅速获得火力优势。这些阵地的位置适合随着进攻推进而前移。在转移阵地时，操作这两挺机枪的机枪手可能交替行动，也可能一起行动，具体情况取决于地形和战况，但他们一起行动的时候更多。而且，日军经常让整个小队的所有机枪一起射击同一目标。

日军标准的 7.7 毫米九二式重机枪（因射击声独特而被盟军士兵称为“啄木鸟”）配有三脚架，可以整体搬运。搬运时，日军通常会把三根固定杆插到脚架上，以便分散重量，使其能由 3—4 人抬起。该机枪的基本设计与气冷式哈奇开斯机枪相同，并和旧式的 6.5 毫米三年式机枪类似。但在长途行军时，该机枪也会被分解运输。步兵第37（大阪）联队的铃木六林男（Suzuki Murio）描述道：

每挺机枪的重量超过50千克，在行军时要分解打包，用马匹运输，但在接近战场时会由四人组装后共同搬运。该枪需要由两个人来操作。每个机枪组的士兵都有相应的编号：1号至4号负责操作机枪，5号和其他士兵负责搬运弹药。2号是主射手，由于机枪的体积庞大，他可以隐藏在枪身后方。虽然他本该用手来射击，但在实战中，他经常弯下腰，用钢盔顶部压下击发按钮……1号负责装填（弹板），他的整个侧面都暴露在外——因此，他们的阵亡率经常高得可怕。

显而易见，重机枪很容易招来猛烈还击。铃木提到，通常情况下，他们打出约90发子弹（即三个30发弹板）后就需要转移阵地。在敌军火力攻击下直立移动极其危险，虽然机枪组的士兵经常迂回行进，但仍有不少人在半路丧命。另外，如果机枪组的士兵不转移阵地，机枪的注油系统也会在持续射击后产生烟雾，从而暴露位置。

日军步兵小队配有多种轻机枪，包括采用两脚架的6.5毫米十一式轻机枪，以及7.7毫米九六式和九九式轻机枪。九六式和九九式轻机枪的作战效率相对更高，而且与英国"布伦"轻机枪很相似（事实上，它们的设计都参考了捷克斯洛伐克ZB系列机枪）。这两款轻机枪都配有30发盒式可拆卸弹匣，主要负责为步兵分队提供近距离支援，它们的射速高于重机枪，并且可以通过射击声进行区分——廓尔喀部队军官约翰·马斯特斯（John Masters）形容它们发出的声音是一种"歇斯底里"的嗒嗒声。通常情况下，日军一个小队的四个步兵分队中会有三个分队配备轻机枪，而第4个分队则会使用轻型迫击炮或掷弹筒。具体来说，每个分队中的轻机枪组都拥有四名成员，即一名组长和三名射手——这四个人都会携带步枪或手枪。

从某种意义上来说，日军对轻机枪的运用更具有进攻性。他们有一种官方战术：用肩带把轻机枪挂在腰部，一边冲锋一边开火。另外，尽管九六式和九九式轻机枪重达20磅，但都可以安装刺刀，只是其实际突刺效果很值得怀疑。

日军将机枪视为防御阵地的核心，它们或单独部署，或成群配置。一般来说，日军机枪不会从远距离开火，而是只会盯防阵地前方近处的一小片区域，盟军的一份资料记载道：

正在渡河的日军步兵分队。所有人都进行了伪装，并用植物枝叶遮盖了背包与头盔的轮廓。

日军经常在低矮灌木丛中砍出射击口，以便为机枪制造火力通道，虽然这会限制射界，但也让我军很难发现。在丛林中，日军一般不会让机枪远距离开火。日军会让机枪形成交叉火力……有时候他们也会把机枪架设在峡谷中，从而封锁我方接近路线。此外，他们还会把另一些机枪部署在反斜面，以便在我方翻越山脊时予以打击。

在实施防御时，日军会采用欺骗战术，例如在中等距离进行单发射击，以引诱敌人。一旦对方鼓起勇气试图发起近距离冲锋，日军就会立刻用机枪扫射。日军的战术条令对撤退极为抵触，但如果确实有需要，他们会命令机枪手死战到底，以掩护战友撤离。此时，机枪手会向威胁最大的敌军倾泻火力，直到阵亡为止。

# 盟军，1942 年—1943 年

## 英国“留守人员”和非正规部队

随着马来亚、新加坡和缅甸大部分地区失守，英军遭受了灾难性的失败。虽然很多人认为，直到此时，英军才痛定思痛，开始大幅修改丛林作战战术。但事实上，早在 1942 年 2 月珀西瓦尔（Percival）将军在新加坡投降前，英军就已意识到了其战术和训练存在严重问题。战前演习证明，敌军完全可以突破丛林。因此，英军曾在 1941 年对相关战术进行了一些改良，只是这些补救措施来得太迟。

战争爆发前几个月，英军在新加坡成立了第 101 特别训练学校（Number 101 Special Training School），旨在传授少量士兵和平民非正规作战与情报收集技能。1941 年 8 月，英军还提出了“留守小组”（Stay-Behind）计划，但该计划一直到四个月后战争爆发时才获得批准。此时，英军已经把部分华裔视为潜在盟友，后来这些华裔组建了游击队，并不断在敌后发动小规模袭扰。此外，英军还有少量情报人员留了下来，其中一些人设法实施了破坏和伏击行动。值得一提的是，英国与澳大利亚的“海岸哨兵”（Coast Watcher），以及土著侦察兵也经常在敌后执行关键任务。

不过，敌后“留守人员”缺乏可靠通信手段，并饱受疾病折磨。为避免被捕，他们还需要不断转移。但与此同时，“留守人员”也学到了关键的生存技能，并深刻认识到“心态”的重要性。正如斯宾塞·查普曼（Spencer Chapman）上校所言：

我了解到的情况是，意外滞留在马来亚丛林中的英军二等兵只能存活几个月。普通士官比二等兵更机灵、行动更敏捷，他们或许能坚持一年甚至更久的时间。对其中一些人而言，丛林似乎充满了敌意，这里到处是吃人的老虎、致命的热病、持毒镖的土著，以及毒蛇、毒蝎和各种半真半假的“无名恐惧”。他们无法适应新生活方式，也不习惯以大米和蔬菜为主食。在这片绿色地狱中，他们感觉自己不出几周就会丧命——事实也确实如此。不过，另一些人认为丛林中遍布野味——禽鸟和鱼类会“自投罗网”，木瓜、山药、面包果等热带果蔬仿佛不需要采摘就会从树上掉下来——但这种观点同样具有误导性。事实上，丛林……只会提供充沛的淡水，并为敌我双方提供各种遮蔽——换言之，它始终是中立的，如果你愿意，还可以说它实际上更像是一种“武装中立”状态。你的心态将决定你是死是活。丛林本身无所谓好坏，一切都是由人的心态决定的。丛林就是这样，永远处于一种不偏不倚的状态之中。

“留守人员”和非正规部队实施的游击战，并没有在步兵战术方面催生多少创新——实际上，与正规军相比，很多“留守人员”的战术和技术都相对落后。他们在训练时仍使用旧版战术手册，仅对内容稍作修改便传抄、分发下去。结果到了真正需要运用相关战术时，手册中的内容已经“过时三年”。至于最新的消息和战术，“留守人员”只能依靠“第136部队”（Force 136）的新一批渗透人员从外部带来。

换言之，“留守人员”的战术升级基本上只能依靠“外援”，更尴尬的是，负责传授经验的军官大多曾在缅甸和马来亚战场被日军打得灰头土脸。其中一位关键人物是前阿盖尔和萨瑟兰高地人团第2营的伊恩·斯图尔特，此时他已晋升为准将。斯图尔特的战术理念后来很快就被澳大利亚第1军吸纳，并传回英国，编入最新训练手册。另一位军官戈登·贝内特（Gordon Bennett）的情况与斯图尔特类似，他后来晋升为少将，并担任了澳大利亚第8师师长，此人也撰写了一系列关于日军战法的研究报告。

## 英国于1942年发布的训练手册

后来，印度陆军编纂了《丛林之书》（*The Jungle Book*，值得一提的是，该书与一部儿童文学著作《丛林奇谈》同名）。该书的封面是一幅漫画，画中一只写着“训练有素”的手正在捏死日军士兵。尽管该书较以往的手册有众多改进，但整个英军丛林作战战术的进步并不是一次完成的。其中第一个重要突破是英国在1942年8月发布的《针对现代化敌人的森林、灌木和丛林作战》（*Forest, Bush And Jungle Warfare Against a Modern Enemy*），相隔不到一个月，该手册又在加拿大再版。“现代化敌人”这个说法尤其值得一提——现在，英军终于把日军当成了一个“现代化对手”，并认为其值得严肃对待。英军还意识到，为克敌制胜，他们必须结合丛林实际环境，基于当地“机动受限、视野受阻、存在特殊生存难题”等问题，发展出一套新战术。此外，英军不再把原住民视为“二线步兵”，而是将其视为“地域、居民和语言等丰富知识”的源泉，并认为原住民还有成为游击队员和情报人员的潜力。但另一方面，英军也知道，如果没有训练有素、装备精良的常规步兵部队，一切设想都将是空谈。《针对现代化敌人的森林、灌木和丛林作战》一书写道：

步兵依然是适应性最强的兵种。步兵可以被派往任何地方，在密林中，除非遭到敌军步兵迂回包抄，他们并不惧怕其他兵种。为在逼仄的地形条件下作战，步兵应配备专用装备。各种大刀（如缅甸刀、大砍刀或廓尔喀弯刀）必不可少。由于一个班很少能同时用到两把大刀，因此全班最多配备四把大刀。在丛林中，冲锋枪、手枪、轻型步枪和匕首要比制式步枪与刺刀更实用，因为后两者很容易让人在密林中行动不灵。鉴于遭遇敌军突袭的风险很大，步兵必须学会快速精确射击近处目标，并接受相关训练，以便迅速用武器抵住腰部开火——这些都十分关键。

廓尔喀士兵有时会使用缅甸刀，但他们的标准随身武器是廓尔喀弯刀——它声名在外，杀伤力惊人。不过，按照第 4 廓尔喀来复枪团第 1 营的唐纳德·戴（Donald Day）中尉的回忆，使用这种武器需要练习：

廓尔喀士兵更喜欢使用弯刀，而不是刺刀。这种武器可以把人劈成两半，并且可以砍掉人头。这种武器的标准用法是从敌人的肩部斜劈下去。这种刀相当可怕，在廓尔喀士兵手里简直就是杀人利器。但我只在愤怒之中使用过一次弯刀——当时我正在草堆边拿刀削铅笔，突然从转角处冒出来一个日本兵。猝不及防之下，我只能抡刀就砍。看到我笨手笨脚的样子，我的勤务兵乐开了花，甚至没能在第一时间帮我解决掉那个日本兵——廓尔喀人的笑点真的很特别。那名日本兵被我砍得奄奄一息，最后勤务兵给了他致命一击。

虽然冷兵器能给敌人带来巨大威慑，但论战斗效率，冲锋枪无疑更胜一筹。第 2 廓尔喀来复枪团第 3 营的尼尔（D.F.Neill）中尉回忆说，采用 0.45 英寸柯尔特自动手枪弹的“汤普森”冲锋枪，虽然比较重，但在近战中威力很大。他曾在若开（Arakan）地区追剿敌军，把几名日军赶出了稻田泥塘中的藏身地。随后，他对其中一名敌人发起追击，最终戏剧性地结束了战斗：

“汤普森”冲锋枪的枪口上下抖动，我的胸口不断起伏，汗水模糊了双眼。我连续打出三个点射，看见子弹穿透对方的后背，将衬衫碎片和血肉掀飞。此前我从未意识到0.45英寸子弹的停止作用如此惊人——在中弹后，那个日本人就像被大锤击中的布娃娃般向前倒了下去。

不过,《针对现代化敌人的森林、灌木和丛林作战》指出,在丛林中的狭窄区域，如果能得到妥善部署，支援武器和载具同样可以发挥重大作用：

迫击炮——尤其是2英寸迫击炮——最适合进行近距离支援。同时，部队对手榴弹的需求将远超常规情况。在植被最密集的地区，部队可能需要用突袭和游击战术来替代重火力支援战术。使用三脚架的轻机枪在防御时非常有用，如果射界有限，可以固定机枪的开火方向以提高作战效率。在进攻中，使用轻机枪的意义不大，此时可以减少轻机枪的携带数量。“布伦”机枪载车在近战中相对脆弱，尤其是当敌人隐蔽在树上使用轻武器和手雷攻击车内人员时。为防止被敌人用手雷攻击，这些车辆必须加装顶部防护网。但另一方面，“布伦”机枪载车容易隐蔽，可以在固定位置设伏或充当移动堡垒，从而为步兵建立防御据点提供支持。由于机枪架设的位置较高，“布伦”机枪载车在发挥火力方面具有明显优势。

《针对现代化敌人的森林、灌木和丛林作战》中的内容也许并非面面俱到，但该手册指出了许多关键问题，如部队控制、炮兵观测和开辟小径等。而且，它还要求部队避免组成长纵队，而是必须从宽大正面前进。该手册还关注了在丛林环境中特有的士气问题——例如陌生感、孤立感，以及被敌军诡计蒙蔽的无助感等。为解决这些问题，最简单的方法是避免单独行动。此外，该手册还指出无线电与航空支援意义重大（但该手册中的部分建议缺乏实用性，例如用非洲战鼓传递摩尔斯电码）。《针对现代化敌人的森林、灌木和丛林作战》宣扬的最重要的观点是，“丛林中不存在前线”：

在植被茂密的地区执行警戒任务时必须牢记一点——敌我控制区没有明确界线。这里没有常规意义上的战线，更没有两军之间的无人区。在行动区域内，无论处于运动状态，还是处于休整状态，所有单位都必须构建环形防御。植物经常在小径边缘密集生长，从而妨碍侧翼观察……所有部队须经严格训练，以便在遇袭后立刻根据预案做出反应。

该手册强调，在丛林中，获取主动权的关键在于攻势巡逻。虽然在理想情况下，所有步兵都会接受巡逻训练，但推荐做法是在每个营抽调一个排的精干人员（直接由排部指挥）来执行相关任务。这些士兵必须通过以“严苛标准”进行的筛选，筛选项目包括耐力、主动性、丛林生存知识、武器使用能力及徒手格斗技巧。通过考核的士兵可获得非官方的资格徽章。实际上，在执行巡逻任务时，人越少越好。比如，典型的“猛虎巡逻队”（Tiger Patrol）应由一名队长和两名队员组成，他们携带的物品包括：一支冲锋枪、两支步枪、多种手榴弹、砍伐工具、指南针、地图、水壶、餐具、生火工具及口粮等。不过，“巡逻队仍应享有着装和携带物品的自由。他们应携带现金，以便（从当地村民处）购买食物和情报。最理想的鞋子是帆布橡胶底曲棍球鞋——在大多数热带城镇均可购买”。

规模在排级以下的巡逻队，其适宜执行的任务包括：伏击、“焚烧农田、敌方占领的村庄或行政设施”；切断通信线路；破坏车辆；妨碍敌军实施包围；狙击；在敌军推进路线上布设地雷或诡雷。《针对现代化敌人的森林、灌木和丛林作战》认为，这些行动旨在干扰敌方交通线，使敌人陷入“紧张状态”。

虽然《针对现代化敌人的森林、灌木和丛林作战》中有许多战术创新，但其内容直到 1943 年 6 月之后才全面普及——在第一次若开战役（1942 年 9 月—1943 年 5 月）中惨败后，英军成立了“步兵委员会”（Infantry Committee），这一举措具有重要意义。步兵委员会要求印度部队和英国增援部队在基本训练的基础上额外接受两个月的丛林作战训练。新编材料 [ 如 1943 年出版的《密林战斗规程》（*Battle Drill For Thick Jungle*）和新版《丛林之书》] 则确保了受训人员能够“与时俱进”。

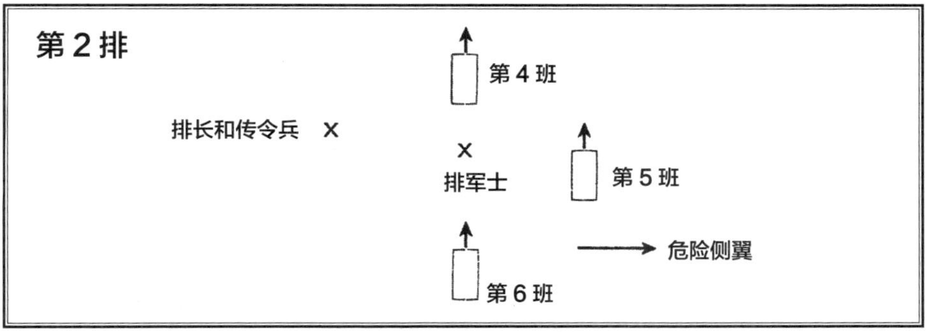


*英军排级丛林行军队形，摘自1942年8月出版的《针对现代化敌人的森林、灌木和丛林作战》。该手册认为："排军士可以与前导班共同行动，以便保持方向。他也可与殿后班共同行动，以便掌控队形。"*

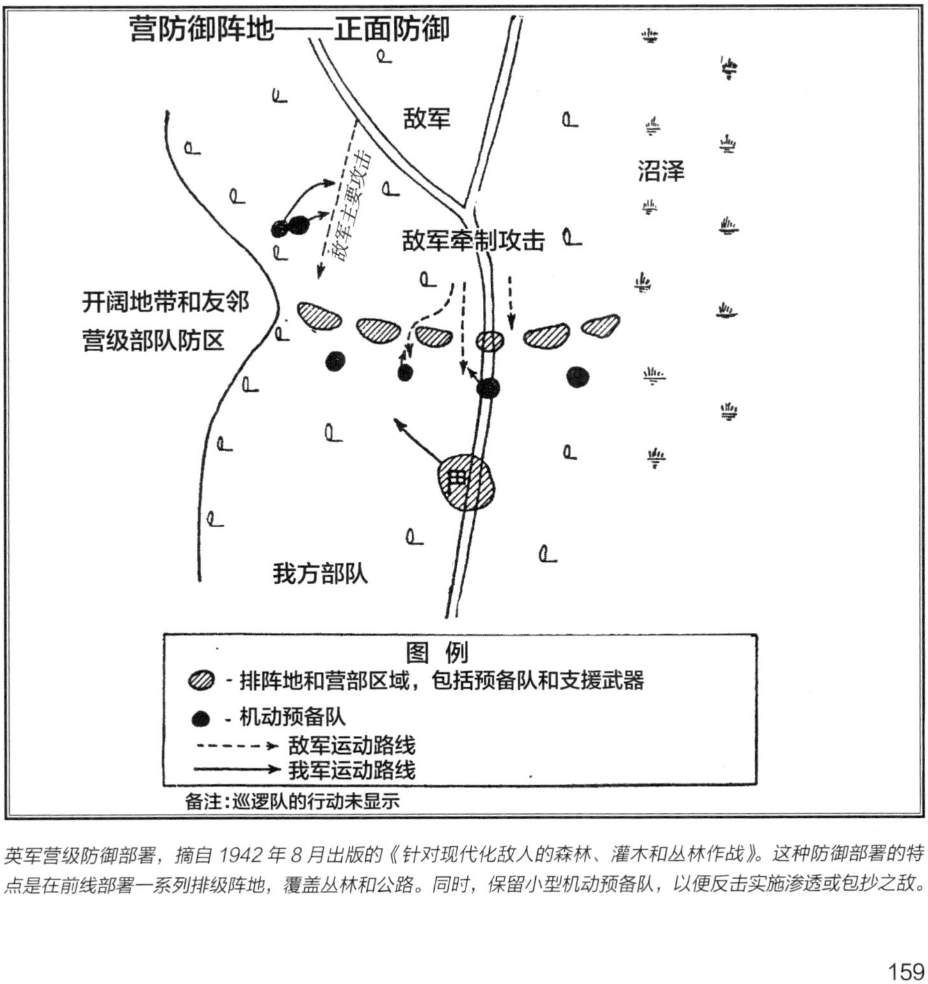


*英军营级防御部署，摘自1942年8月出版的《针对现代化敌人的森林、灌木和丛林作战》。这种防御部署的特点是在前线部署一系列排级阵地，覆盖丛林和公路。同时，保留小型机动预备队，以便反击实施渗透或包抄之敌。*

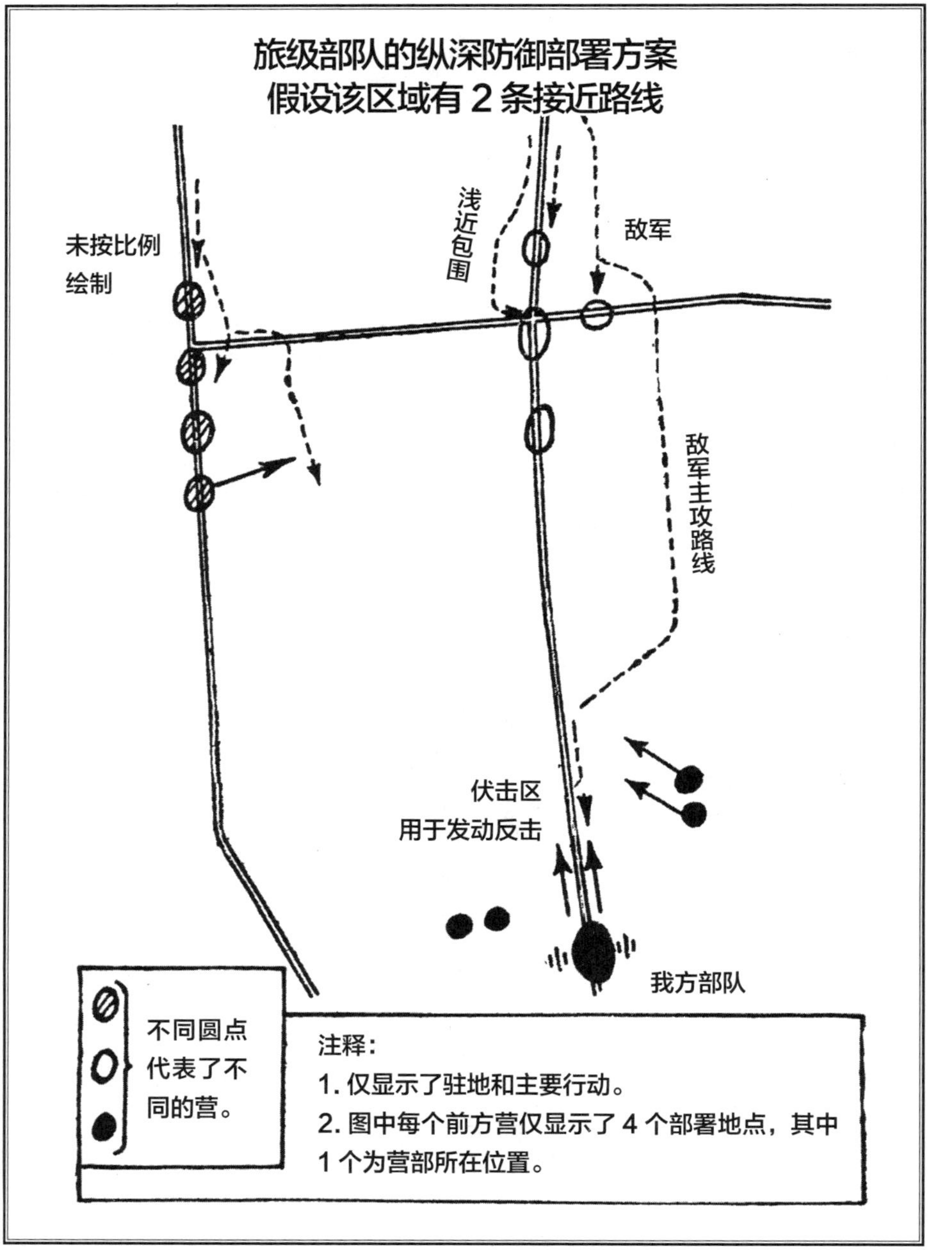


*英军旅级防御部署，摘自 1942 年 8 月出版的《针对现代化敌人的森林、灌木和丛林作战》。在步兵旅的左前方，一个营正在依托阵地抵挡日军的小规模试探性攻击。在步兵旅的右前方，另一个营遭到了日军主力的进攻——在这次进攻中，日军采用了惯用的“两路包抄”战术。在前方两个营坚守阵地的同时，该旅的预备营也已经部署完毕，准备在炮火支援下机动至侧翼反击日军迂回部队。这些内容表明英军已经汲取了 1942 年 2 月的教训。*

1944 年年末，向仰光进军期间，东兰开夏团第 2 营（2nd East Lancashires）的士兵正在缅甸“铁路走廊”的森林中摸索。两名尖兵正在先头班前方几码外前进。（女王兰开夏团供图）

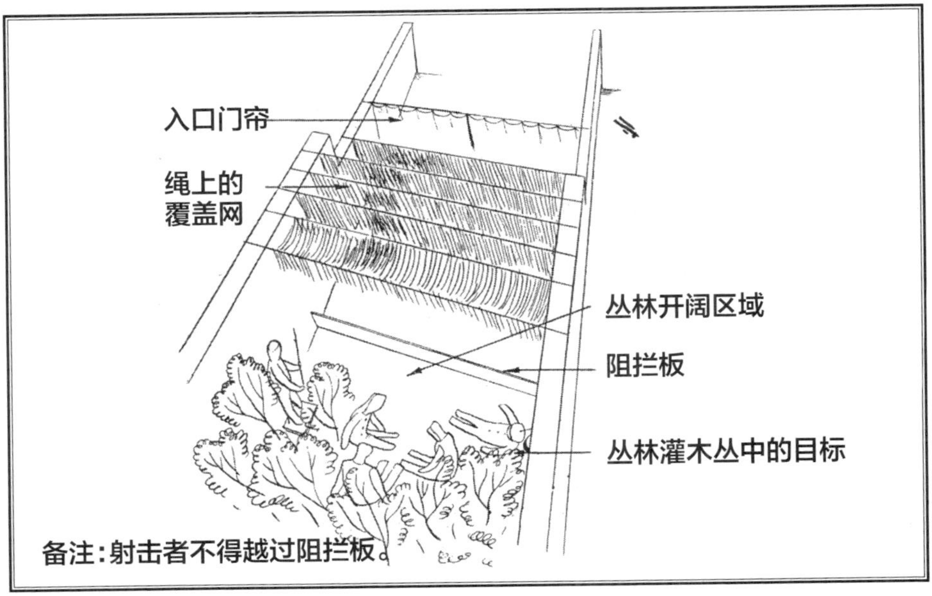


一张有趣的示意图，它展示了根据热带条件改造的近战射击练习场——目标和火力点的配置模拟了丛林沼泽地环境。［摘自印度陆军手册《近距离战斗》（Close Quarter Battle），1945 年出版］

## 澳军的贡献

澳军从1942年7月开始投入新几内亚战场。新几内亚有全球最险恶的山脉与沿海丛林。澳大利亚陆军的核心优势之一是拥有“地面部队指挥部丛林作战训练中心”[LHQ Training Centre（Jungle Warfare）]，该训练中心是于1942年11月在昆士兰东南部、麦克弗森山脉（Macpherson Ranges）之中的卡农格拉（Canungra）成立的，其首批学员于1942年圣诞节毕业。在为期一个月的标准课程的前三周，学员每天训练12小时，每周训练六天。最后一周，学员要参加为期六天的野外演习。在演习中，学员要离开基地单独行动，并仅靠个人口粮生存。此外，该中心还专门开设了长达六周的排长课程。

澳军拥有很多实战经验——于1943年6月发布的澳大利亚第6师第11号训练指令（该指令的标题为“丛林作战”）对这些经验进行了全面总结。该指令主要面向下级指挥人员，其内容紧跟形势，涵盖了地形类型、体能、疾病预防和路径利用等内容。第11号训练指令在鼓励士兵就地取食的同时，强调必须找到作物所有者并“以货币或实物付款”，以免与当地土著搞僵关系。由于在丛林中通信困难，第11号训练指令还强调士兵要“自力更生”——这有赖于强健的体魄和丰富的知识。该指令认为“丛林生存技术”（Jungle Craft）意义重大，即必须学会利用地形与植被实现生存、机动与战斗。第11号训练指令认为，士兵需要训练听觉，以“适应丛林中的常见噪声，分辨自然声响与人为造成的声响”。此外，该指令认为敏锐的视觉也很重要，士兵要能察觉断枝、植被踩踏和腐殖质扰乱等迹象——这些都有可能是其他部队留下的痕迹。而且，第11号训练指令指出，一定要确定哪些地方适合敌人埋伏，如果发现有此类地点，士兵必须在接近时保持高度谨慎。当然，嗅觉也不容忽视——该指令认为“日军士兵身上有一种特别难闻的潮湿气味，而且非常持久”。

在战术综述部分，第11号训练指令首先分析了日军的战术，并指出其存在行军纪律松散、噪声管控不严、易遭伏击等弱点。该指令还指出：

> 日本士兵普遍缺乏基本保密常识，许多人都携带个人日记，并在其中记录了所属部队番号、调动情况和伤亡信息，他们甚至还在作战区域使用带标注的地图和笔记本。

1943 年 8 月，澳大利亚士兵在新几内亚坦布山（Mount Tambu）与敌军短兵相接。照片中的散兵坑位于一棵大树的根部，一名士兵正在用“汤普森”冲锋枪攒射压制敌人，另一名士兵则准备好了一枚 36 号手榴弹。在丛林条件下（尤其是在夜间），手榴弹是一种很有用的武器。

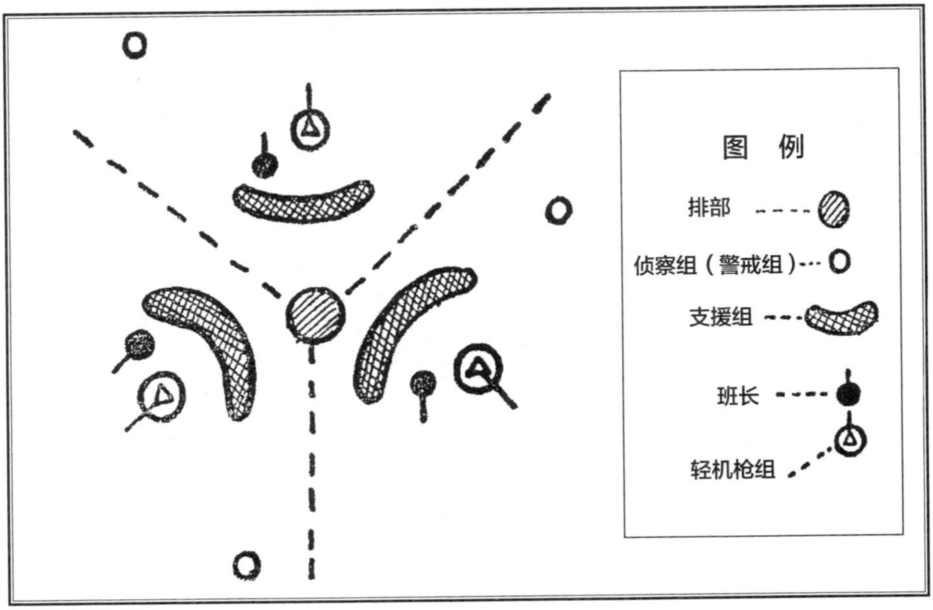


“自行防御”方案：本图展示了澳军一个排在遇袭后如何实时防御。在这种情况下，每个班将派出一名侦察兵在某个侧翼的前方活动；班长会与轻机枪组保持密切联系，而班里的其他人员则会分散在后方，负责提供支援。整个阵地的直径不超过 150 码。（摘自第 11 号训练指令，1943 年）

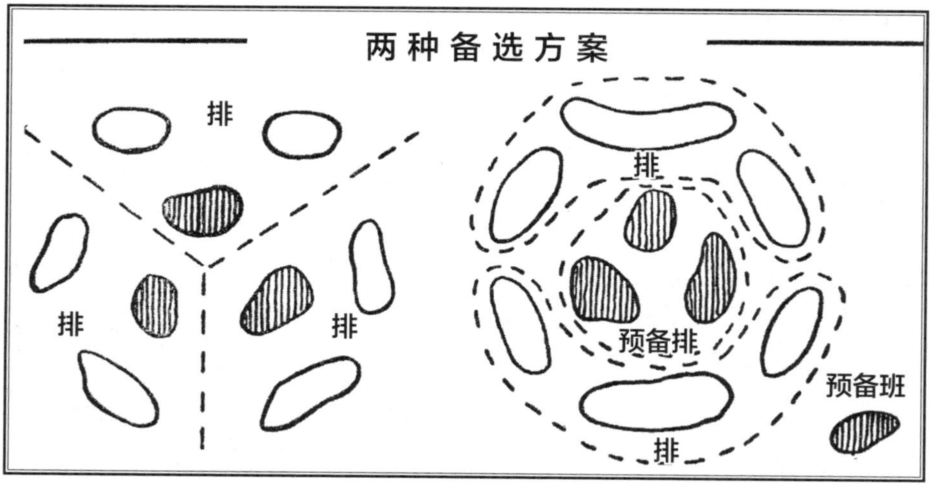


两种澳军连级“自行防御”方案。连阵地的宽度最多为 300 码，因此各排之间的间距不会超过 100 码，各班之间的间距不会超过 50 码。左侧的方案要求各排留出一个班作为预备队，右侧的方案要求连长留出一个排作为全连的预备队。（摘自第 11 号训练指令，1943 年）

1945 年，昆士兰州卡农格拉（Canungra），澳军第 3 强化训练营（3rd Reinforcement Training Bn）的“信息室”。我们可以看到墙壁上有许多海报，这些海报介绍了日军的制服、徽章、武器和战术。1942 年 12 月，经过一个月的训练，澳大利亚陆军“地面部队指挥部丛林作战训练中心”的第一期学员毕业。次年，在“班迪”麦克唐纳（“Bandy” MacDonald）中校的领导下，该训练中心的学员毕业速度更是达到了巅峰——每周 500 人。[澳大利亚战争纪念馆（Australian War Memorial）供图，图片编号 088062]

澳军的最新条令认为进攻有两种形式:第一种是“遭遇战”，一般发生在“‘标准接敌规程’无法扫清抵抗时”，此时需要“以最快速度进行”；第二种是“预有准备的进攻”，即“基于充分侦察制定计划，并动用所有支援武器”。

在进行遭遇战时，不能鲁莽冒进。部队要以迅雷不及掩耳之势行动，给敌方制造瞬时混乱。如果对方陷入恐慌或以为遭到大规模突袭，就很有可能主动撤退。另外，这种突发性攻势还有助于保持主动权，并打乱敌方阵脚。

“标准接敌规程”并非一成不变，而是取决于当时的情况、任务和部队类型，但基本上都是通过迂回机动来保护推进轴线,并探明敌军抵抗程度。以加强连为例，在穿越各种丛林时，应派出一支排级先遣巡逻队（尖兵排）试探情况。这支先遣巡逻队将通过联络员或“后派人员”（Getaway Men）与主力保持联系。在与敌方接触后，如果有迹象显示对方实力虚弱，该排将尝试肃清抵抗，否则就会尽可能扩大正面，以便进行牵制。若先遣巡逻队行动受阻，第 2 排将沿右翼（或地势较高的一侧）实施包抄，而第 3 排则绕至左翼（或地势较低的一侧）展开夹击或彻底“钉死”敌军。第 4 排（或其他增援部队）一般会充当预备队，由连长酌情投入战场，其最佳“使用方式”是进行迂回，将敌人完全包围。在预有准备的进攻中，部队应综合考虑巡逻报告、航拍照片等情报来制订详细计划。如果条件允许，发起突击的部队应尽量在友军支援掩护下冲向目标，迅速跟随弹幕前进（防止守军冲出掩体操纵武器）。

## 美军的反应

在菲律宾失守后，美国花了一年时间来集结力量、扩充陆军，并大力推动丛林作战战术革新。1942 年 8 月—1943 年 2 月，在所罗门群岛的瓜达尔卡纳尔岛上，美军进行了一系列战斗。事实证明，这些战斗是美军积累丛林作战经验的关键转折点。同时，美军还在帕科拉（Pacora）、里奥哈托（Rio Hato）和皮纳军营（Camp Pina）为进行丛林作战成立了大量培训班（每期培训时间为 60 天，首批学员于 1943 年 3 月毕业）。

令人惊讶的是，1941 年 12 月发布的野战手册 FM 31-20《丛林作战》一直充当着美军关于丛林作战的核心指导文件，这种情况一直持续了近三年时间。在此期间，美军只发布了几页更新文件。其中，C1 更新文件发布于 1942 年 5 月，内容包括“强调利用河流来攻击敌军侧翼或后方”“销毁无法带走的补给”，以及“要求孤立部队继续战斗”；C2 更新文件发布于 1942 年 8 月，该文件重点关注食品卫生规范，并指出欺凌土著居民会带来“副作用”；C3 更新文件发布于 1942 年 9 月，它针对丛林服装与装备提供了总体推荐；C4 更新文件发布于 1942 年年底，它提醒美军关注真菌引发的疾病和清洁问题。

和以前一样，上述更新文件反对士兵穿戴紧身衣物、羊毛制品、毛毡和皮革制品，因为它们吸水性过强、容易“水土不服”，发霉与腐烂。相关文件给出的新建议是：

尽可能用棉、橡胶和帆布制成的服装与装备作为替代品。实战经验表明，连体式深绿色丛林服（采用 6 盎司至 8 盎司棉质面料，前部拉链从腰部经胯下延伸至后腰）作为外套非常实用；低帮帆布胶底鞋的表现远优于传统皮鞋；M1 钢盔内盔比纤维制热带头盔或野战帽更好。在戴 M1 钢盔内盔时，士兵可以利用橡胶带固定树叶和树枝进行简易伪装。防蚊头网与手套是个人装备中不可或缺的部分。至于雨衣则应当用轻便雨披替代。

相关指导文件告诉美军步兵，应在丛林中携带下列服装和装备：

弹力迷彩橡胶带，用于在 M1 钢盔内盔上捆绑伪装物。

高帮丛林胶底靴。

带脚底缓冲垫的袜子。

丛林服（带拉链的防虫型，即连体式丛林作战服）。

储水袋。

18 英寸单兵砍刀。

丛林背包（即防水背包）。

防水衣物袋。

丛林吊床。

轻便丛林手电筒。

防水火柴盒（带指南针）。

1943 年 9 月，美国发布了一份名为《丛林生存指南》（*Living In Jungle*）的情报公报，全面阐述了丛林生存技巧。但和其他国家一样，这份迟来的文件已无法改变“战争第一年的问题”。1942 年 9 月，当美国陆军第 126 步兵团抵达新几内亚时，士兵们只能身穿由布里斯班（Brisbane）一家干洗公司仓促染制的绿、棕、黄三色迷彩服，而且其颜色非常斑驳。该团隶属于第 32 步兵师，几个月后，当师长拜尔斯（Byers）将军几经周折赶到前线视察，并试图慰问下属或表彰英勇事迹时，竟碰到许多痢疾患者——这些只能半裸作战的人，要求获得“裤子”。事实上，连体式丛林作战服存在很大缺陷，导致军方很快开始寻求改进。在瓜达尔卡纳尔岛，威廉·曼彻斯特（William Manchester）认为当时的海军陆战队士兵“更像是流浪汉，而不是军人”——他们穿着“臭烘烘的军裤”，顶着锈红色的钢盔，靠发霉的口粮和奎宁勉强活命。

*1943 年，在新几内亚坦布山的美国陆军 0.30 英寸机枪组。这张照片的原始注释提到，在丛林中，敌我距离经常不超过 60 码。请注意后方棍子上挂着的弹带（子弹的数量多达数千发）——这样做虽然很显眼，但可以防止子弹沾上湿气和污垢，从而避免机枪卡壳。*

*1942 年—1943 年，美军在所罗门群岛的瓜达尔卡纳尔岛进行了六个月的鏖战。在本照片中，美军正在向该岛搬运物资，并接走伤员。另外值得注意的是，在该岛的许多地方，植物一直生长到海边。在本照片中，陆军和海军陆战队的官兵都佩戴着没有伪装物的钢盔，并身穿深浅不一的橄榄色作训服：从外表上看，这些人已经在丛林中待了几个星期。另外，请注意前景中的一堆担架。瓜达尔卡纳尔岛战役的胜利来之不易，美军战斗减员 6000 人，另有 9000 人染病。虽然日军的人员损失是美军的两倍以上，但他们仍在撤退时巧妙迟滞了美军行动，并在 1943 年 2 月初撤走了约 13000 人。（美国国家档案馆供图）*

甚至到 1943 年新乔治亚岛（New Georgia）之战期间，美军仍有许多东西需要学习。他们缺乏针对性训练，面对日军夜间渗透战术和“骚扰小组”一度无所适从。第 169 步兵团就是受害者之一，其官方战史作者写道：

> 美军士兵疲惫且稚嫩，开始产生幻觉——他们把腐木发出的磷光当成日军的信号，把丛林的气味当成毒气。谣言在第 169 团官兵中不胫而走，他们认为日军夜袭人员会身穿黑袍，用绳索和钩爪将美国人从散兵坑中抓走。

战后统计发现，美军中的许多伤亡都来自友军误伤。值得一提的是，第 43 步兵师在试图用传统战术穿越密林期间，遭到了日本守军的抵抗，再加上不断被空袭骚扰，该师官兵几乎集体神经错乱，仅精神病患者就超过了 2000 人。

*1944 年 5 月，美军炮手轰击新几内亚境内的敌军阵地。在前进观测员的引导下，高弹道曲射火力可以给予步兵极大帮助。但在丛林地形中，火炮很难进入合适的阵地，这是火力支援方面的一大难题。照片中的炮兵身穿 M1942 连体迷彩服，这种迷彩服于 1943 年首次在西南太平洋地区发放。M1942 连体迷彩服有不少设计缺陷，包括：闷热；湿透后重量会翻倍；如果裤兜里装满物品，其内部吊带（支架）会割伤肩部；后部没有开裆——一旦士兵想要如厕（在热带地区，这种情况相当常见），就必须扔掉所有携行装备，并脱得一丝不挂。*

*1943 年冬或 1944 年春，西南太平洋地区的美国海军陆战队士兵。他们身穿分体式可反穿迷彩制服，即“P1942 通用斜纹布（HBT）迷彩制服”。该制服为海军陆战队专用服装，于 1943 年中期首先发放给突袭营成员（Raider）和狙击手。在植被茂密的布干维尔岛和新不列颠岛，该制服上的三色迷彩发挥了重大作用。但在吉尔伯特群岛、马绍尔群岛和加罗林群岛的珊瑚礁中，该制服上的三色迷彩反而起了反作用。该制服随即“失宠”，并被纯绿色通用制服取代，只有迷彩盔罩作为“海军陆战队的骄傲”被保留了下来。（美国海军陆战队供图）*

## 步坦协同

早在 1942 年，盟军装甲部队就明显强于日军装甲部队。日本坦克老旧、脆弱，而且极少在丛林中出动。在丛林作战时，关键问题是如何将坦克部署到所需位置，并与步兵进行战术配合。事实上，坦克在丛林中的情况和在建筑密集区类似：如果无法得到密切支援，坦克容易遭到伏击。当时，美英两国有着顺畅的情报共享渠道。1943 年 9 月发布的《美国情报简报》（*US Intelligence Bulletin*）总结了英军的战术。该文件建议大部分坦克在接敌行进时组成密集队形，并与先头步兵保持距离。在丛林中，纵队前方最多只能配置一个坦克排（四辆坦克）。另外，由于坦克“极易被爆炸物和障碍物阻挡”，并且很难在丛林中离开道路或小径前进，因此并不适合担任先锋：

> 投入进攻的坦克不宜超过一个排，但需让更多坦克部队待命，以便扩大战果。实际进攻方式取决于可用的火力支援。如果火力足以压制敌方反坦克火力，坦克可略微领先步兵主力推进，但步兵仍需紧密跟随坦克前进。如果火力不足，进攻部队需协调坦克与步兵的速度，以便两者同步抵达目标区域。但无论哪种情况，部队都必须部署步兵保护坦克侧翼，这些步兵应与先头坦克齐头并进，防范敌人残存的反坦克小组（他们可能躲过了炮火覆盖）使用手榴弹等近战武器发起攻击……坦克还需要使用车载发烟装置掩护前进，如果没有此类装备，则可以用迫击炮代替。

使用坦克发起攻击显然依赖于精准把控时机，并需要“纳入步兵的标准战斗规程训练”。虽然这样做必然伴随着人力与物力投入，但坦克部队可以“大幅度振作士气”。澳大利亚的战术制定者同样注意到了装甲单位不能甩开步兵独自前进，一旦两者拉开间距，前者将难以应对日军的伏击与“人海冲锋”。

在林间开阔地带作战时，坦克的主要任务是对付敌方装甲部队，但由于日军很少使用装甲车辆，因此在很多情况下，较重型的盟军坦克会直接攻击开阔地上的敌军阵地。坦克还可以在缺乏车辆时充当步兵的运输工具，并与“乘客”一起清理树林和沟壑——在此期间，步兵将把敌军驱赶到开阔地，坦克则可以从侧翼和后方绕过障碍，进而将敌军一举歼灭。值得强调的是，盟军严禁坦克甩开步兵直接进入村落。

在防御和撤退时，装甲部队只有与反攻（反击部队）协同部署才能发挥价值，但在紧急情况下，盟军也会用坦克“撤离殿后步兵分队”。

在若开地区，英军掌握了步坦协同攻击地堡的战术，并最终将这套战术发展为一门艺术。但在此期间，他们也付出了惨痛代价。根据规定，在发现敌军据点后，步兵和坦克会暂时后撤，并由坦克用高爆弹轰击目标。这种轰击不仅能让守军晕头转向，还能扫清植被与伪装工事。随后，坦克会朝可疑土丘开火。为摧毁大型地堡，坦克会使用带延迟引信的高爆弹。最后，步兵将发起冲锋，而坦克则换装穿甲弹，以便近距离将炮弹准确射入敌方射击口。由于穿甲弹是实心的，不会爆炸，因此几乎不会误伤附近的友军。同时，步兵会向散兵坑和地堡入口投掷手雷，再用冲锋枪和刺刀肃清残敌。

事实证明，这种战术效果极佳，经常令敌军伤亡惨重。但另一方面，坦克部队也会在丛林中遭遇不利情况，例如被树木挡住视野。在这种情况下，车长只能冒险打开舱盖指挥作战，甚至用手枪、手雷和机枪攻击敌军——当然，这也增加了他们遭遇狙击的危险性。第 3 卡宾枪骑兵团（3rd Carabiniers）的无线电操作员亚瑟·弗里尔（Arthur Freer）下士记录了英帕尔战役中的惊险一幕：他的车长突然中弹倒回舱内，其余乘员见状立即关闭舱盖，并用所有武器朝地堡方向开火，然后径直从目标上方碾了过去。在为指挥官注射吗啡时，他们发现：

子弹击中了中队长的下巴，然后从钢盔顶部射出。我们在他身体下方发现了一枚已拔除保险握柄的手雷。这枚手雷本该爆炸的，但它现在落在装着一大堆弹药（包括 120 发高爆弹）的坦克里“哑火”了。帕迪·瑞安（Paddy Ryan）试图拧开手雷底盖检查，我让他到车外操作。他走到稻田里，把底盖卸了下来，然后发现击针帽已经触发，导火索在快要燃烧到雷管处熄灭了。这枚哑火的手雷让我们捡了一条命。

美军在 1944 年 10 月颁布的野战手册 FM 72-20《丛林作战》[①] 中围绕步坦协

---

① “FM 31-20《丛林作战》”与“FM 72-20《丛林作战》”是美国陆军在二战期间发布的两本丛林作战指南——两者的标题相同，但编号不同。为了避免混淆，译者会在后续的译文中将“FM 72-20《丛林作战》”译为“FM 72-20”。

1944 年 3 月，印度陆军第 7 轻骑兵团 B 中队的 1 辆 M3“斯图亚特”轻型坦克在缅甸英帕尔（Imphal）平原作战。在西方战场上，随着坦克的更新换代，“斯图亚特”轻型坦克和 M3“李”中型坦克早已不是主力坦克，但在远东战场上，它们仍有用武之地。日军的装甲车辆性能较差，很少与上述车辆正面交锋。在这种情况下，“斯图亚特”和“李”为盟军步兵提供了宝贵的支援。不过，需要指出的是，虽然日军的反坦克武器以近程步兵武器为主，但盟军坦克仍需要步兵配合行动。在本照片中，盟军在这辆“斯图亚特”的车首倾斜装甲上安装了铁棍和密集的铁丝网，以抵御日军徒手安放的反坦克雷。[H. 特拉维斯（H.Travis）供图]

同提出了一系列建议，该手册的内容几乎与英军条令相同，即强调坦克群在执行攻坚任务时必须“由步兵巡逻队环绕保护”。在此期间，这些步兵巡逻队应侦察推进路线，确定反坦克炮、陷阱及其他障碍物的位置，并抵御敌军反坦克小组。该手册还指出了装甲部队与步兵保持联络的重要性（可使用无线电和野战电话保持联络）。一般来说，野战电话安装在坦克尾部，可以让步兵部队指挥官在前进时直接与坦克部队指挥人员通话。

在 1944 年，美国海军陆战队推出了一种战术，即在“传统步坦组合”中加入火焰喷射器和爆破小组。如果先头分队无法肃清敌人，其余部队将实施迂回，而火焰喷射器和爆破小组则会趁守军陷入混乱之际，用火焰喷射器和炸药彻底摧毁地堡，以免敌人从坦克侧后方发动攻击。在塞班岛战役中，海军陆战队每个团都配有 18 辆“谢尔曼”坦克、四辆喷火坦克和两辆轻型坦克。在冲绳，他们使用了类似战术，并会根据敌军的类型与地面掩护情况调整步坦间距——坦克与步兵最远可相距 800 码。理想状态下，美军炮兵、装甲部队与步兵将作为一个整体参与战斗，为实现这一点，美军还在坦克上搭载了炮兵前进观测员。此外，一旦己方步兵未能提供掩护，这些炮兵观测员还会召唤空爆弹幕覆盖坦克所在区域。

# 远程渗透，1943 年—1944 年

## 奥德·温盖特和“钦迪特”

在丛林作战的历史上，最具争议的插曲之一莫过于远程渗透（Long Range Penetration，LRP）战术的诞生。1943 年，英军“钦迪特”部队将该战术视为其基本战术。和这种新战术一样，它的开创者奥德·温盖特少将本人也是一位毁誉参半的人物。此人以“救世主”自居，既才华横溢，又鲁莽冒进，既会鼓舞人心，又性格怪异。比尔·斯利姆将军评价他是“古怪、易激动、喜怒无常的生物”；波纳尔将军虽承认温盖特是个天才，但认为他“相当疯癫”。

有“三件事”成就了温盖特：第一，他曾于 1936 年—1939 年在巴勒斯坦组织“特别夜间行动队”（Special Night Squads），该部队由犹太志愿者组成，旨在打击当地恐怖分子[后来，温盖特还曾于 1941 年在埃塞俄比亚战役中指挥“基甸部队”（Gideon Force）]。第二，温盖特做事总是全力以赴，而且意志坚定。斯利姆将军说，温盖特身上有一种“点燃他人斗志的烈焰”。第三，和特种空勤团的创始人戴维·斯特林（David Stirling）类似，温盖特也被当权者认为是行动派，其事迹容易吸引媒体瞩目，从而将军事失利转化为宣传胜利（当然，这也是温盖特在当时最遭人嫉恨的一点）。温盖特的战术可以主动打击日军（哪怕打击程度有限），从而破除日军的“丛林超人”神话。最令同僚与上级难堪的是，温盖特深得丘吉尔信任，而且经常公然仗势欺人。

为策划对日游击作战，温盖特于 1942 年 3 月首次抵达德里，并很快在丛林作战学校校长麦克·卡尔弗特（Mike Calvert）少校陪同下视察了缅甸。温盖特设计的作战体系极富革命性，并在 1945 年后成为丛林作战的典范。鉴于日军多次通过突破和渗透战术赢得胜利，温盖特提出了“反向渗透”理论。他在《纵深渗透部队守则》（*General Rules for the Forces of Deep Penetration*）中这样总结其理念：“派遣精锐正规纵队深入敌军战争机器腹地，攻击其防护薄弱的关键目标，迫使其调整部署，为我军主力部队创造机遇。”他还根据缅甸佛寺的守护神兽的名字，将麾下的印度第 77 步兵旅命名为“钦迪特”（尽管拼读方式不对）。

每个“钦迪特”纵队约有 400 人，其主要战斗力量包括一个步兵连、一个“突击队排”、一个侦察排和一个重武器排。突击队排里的皇家工兵负责制作爆炸物和

诡雷。侦察排由缅甸步枪队（Burma Rifles）的一名英国军官率领，其他人员则从克钦（Kachin）和克伦（Karen）部落招募。每个“钦迪特”纵队配备的重武器仅为两挺“维克斯”机枪和两门3英寸迫击炮，携带步枪、冲锋枪或“布伦”轻机枪行军的步兵，是作战的主力。这些纵队的后勤运输完全靠骡子——这些牲畜在行动前均需接受声带手术，以确保不会因为它们发出叫声而暴露部队的行踪。

在“低矮”丛林中行动时，温盖特经常冷酷无情地驱使下属。他发明了一种战法体系，即让一个排的人员组成“开路队”：这些人会排成箭头队形，其中两三人负责在前方开辟一条普通小径，而更多的人则在左后方和右后方拓宽小径，以便人员和牲畜快速通过。开路队的工作极为艰苦。后来，空运补给使“钦迪特”部队摆脱了道路和车辆的束缚。另外，“钦迪特”部队的几乎所有战斗都能称得上是小规模步兵战术的典范。

与普遍认知不同，“钦迪特”部队最初并不是训练有素的“特种部队”，其麾下各连的士兵实际上来自英国和印度陆军各团。以国王利物浦团第13营（13th Bn King’s Liverpools）为例，该营成员的平均年龄为33岁，原先他们是被派往印度执行治安任务的——显然与“精锐”部队相差甚远。在预备训练阶段，约四分之一人员因无法适应严酷环境遭淘汰。这些“被淘汰者”（Jossers）随后由各补充中心与其他部队的兵员取代。至于合格者则被称为“真正的国王（利物浦团）成员”（Pukka King’s）。

最初，大约一半的“钦迪特”部队成员是廓尔喀人。黑卫士团（Black Watch）的伯纳德·弗格森（Bernard Fergusson）少校指出，尽管英籍士兵大多来自利物浦、曼彻斯特和伯明翰等工业城市，但实际上负面影响不大——接受几个月训练之后，他们就可以获得适应丛林的能力；与他们相比，来自乡村的士兵也没有多少额外优势，因为后者对丛林环境同样陌生。但在萨格尔（Saugor）与占西（Jhansi）的训练基地，“钦迪特”部队缺乏专用装备的缺陷很快就暴露无遗，正如弗格森所述：

行军途中额外出现了两个意想不到的糟糕情况。首先，部队为士兵发放了一种名为“珠峰背包”（Everest Pack）的新型背包。这绝不是个坏东西，但在使用它之前必须仔细调试，否则背包的重量会压在脚掌上，对双脚造成严重伤害。其次，我们的新靴子质量低劣。经过一周行军，伤病员不计其数。我对行军的回忆很少，也很模糊，但这些回忆非常可怕……

作为对常规部队的“补充”，各“钦迪特”纵队负责“打了就跑”。由于机动性较强，这些“钦迪特”纵队可以摆脱装备精良或人数更多的对手，躲进“敌军无法或不敢追击”的地区。在极端紧急情况下，英军还要求各“钦迪特”纵队化整为零，以便日后集结。

“钦迪特”纵队采用的“打了就跑”战术有利有弊。由于行动区域人烟稀少，受伤的人经常缺乏照顾：有些人只能留在后方，甚至在迫不得已时注射过量吗啡。而且，在抗命者身上也有类似的问题。由于缺乏禁闭手段，加上扣除军饷也毫无意义，所以部队纪律在很大程度上只能依靠个人的自觉性。虽然从理论上来讲，英军已在 1881 年废除了鞭刑，但在其他措施失效后，温盖特还是至少鞭打过两名部下。

食物也是一大难题。“钦迪特”部队必须在两个极端之间寻求平衡：一个是携带大量食物；一个是减少食物携带量。前一种做法容易让士兵不堪重负，后一种做法则会让士兵饱受饥饿之苦。由于别无选择，“钦迪特”部队的士兵经常携带“K”口粮，但这些口粮不仅保质期短，还营养不足。“K”口粮中最令人反感的补给品是葡萄糖片——“连骡子都拒绝食用”。“钦迪特”部队的士兵的主食是坚硬的“沙卡普拉”饼干（Shakapara。温盖特将军对其大加赞赏，认为它能促进肠道蠕动），这种硬面饼可研磨成粥状。至于人体所需的蛋白质与糖分，则由坚果、奶酪和葡萄干提供，但这对牙病患者和佩戴假牙的人很不友好。廓尔喀士兵习惯把大米放在备用军袜中，如有需要就拿出来用大锅蒸煮。但温盖特坚持命令使用小锅，因为他相信水在小锅中容易烧开，可以加快煮饭的速度。“钦迪特”部队在炊事领域的另一个独特发现是意识到了竹子的价值和危险性：如果把竹子一点点削成细丝，就能用于引火，还不容易产生烟雾；但如果把整根竹子当成柴火，就会产生类似枪响的爆裂声，还会有碎片飞溅伤人。“钦迪特”部队的士兵不仅会携带水壶，还会携带阿拉伯式水袋（chagul）。在使用阿拉伯式水袋时，士兵们会将其表面浸湿，随着水分不断蒸发，水袋中储存的饮用水也将保持凉爽。

在各纵队被迫分头行动时，后勤保障状况将严重恶化。在这种情况下，友军飞机将很难发现这些小股力量，更不用说投下补给了。为方便识别，温盖特为部下发放了许多印有缅甸地图的橙色头巾，并试图用其替代丛林帽。大部分“钦迪特”部队的士兵都留有胡须——这不仅是一种标志，还具有实用价值：可以让部队少配发 400 套剃须工具包，从而减轻了士兵的负重；胡须不仅能提供一定的伪装，还能防蚊虫。温盖特甚至明令禁止剃须，但他有时也会“宽大处理”。温盖特的另一个怪癖是反对吸烟，如果有可能，他会拿走口粮中的香烟，原因是抽烟“容易让人咳嗽和生痰”，而且他还担心部下抽烟成瘾，产生焦躁情绪。

*廓尔喀团第 4/6 营的 1 名步枪手在缅甸渡河。他扛着一门 2 英寸迫击炮，并利用传统头带（Head Strap）来分担负重。廓尔喀部队是唯一被温盖特选入“钦迪特”部队的印度陆军部队。廓尔喀人生活在喜马拉雅山脚下的高原地带，远离热带森林地区。得益于强大的适应能力和忍耐力，他们经常在丛林中大显身手。*

## “长衫”行动（Operation Longcloth）

“钦迪特”部队的初次行动并不成功，而且其人力和物力消耗远高于日军。究其原因，主要是盟军原定的多线协同作战未能展开。根据原定计划，在“钦迪特”部队出击之际，其他英军部队将从若开地区推进，史迪威也会率领军队向缅甸发起进攻。但后两路部队都未能按计划行事，致使“钦迪特”部队陷入了孤军作战的困境。温盖特麾下有多个纵队很快被日军咬住，而作战行动也逐渐沦为混乱的小规模交火，许多部队只能四散逃亡和躲避。各个纵队的士兵筋疲力尽、饥肠辘辘，他们拼命试图摆脱敌军、逃离丛林，甚至连整个旅部也分散为五个小队。国王利物浦团第 13 营受到了重创，出发时的 721 人仅有 384 人返回印度。伯纳德·弗格森少校的纵队在本羌（Bonchaung）遭遇日军，损失极为惨重。弗格森后来讲述了一名伤员的经历：

*1944 年，缅甸“铁路走廊”上的东兰开夏团第 2 营前方指挥所。请注意左侧的无线电员，以及负责近距离防御的冲锋枪手（右起第二人），后者的武器上还用胶带绑着双排弹匣。（女王兰开夏团供图）*

“钦迪特”部队的士兵在丛林小路上抬着一名受伤的战友。在 1943 年 2 月—4 月的“长衫”行动中，盟军士兵经常抛下重伤员——有时，他们会给战友“仁慈”地注射过量吗啡，但在更多情况下他们只会给战友留下水和武器，并“将其命运交给丛林和日军”。在“长衫”行动中，总人数为 3000 人的“钦迪特”部队损失了约 800 人，而且幸存者中只有约 600 人可以继续服役。在次年 2 月的“星期四”行动（Operation“Thursday”）中，虽然“钦迪特”部队可以利用飞机后送伤员，但由于被迫长期充当传统步兵部队，且缺乏适当装备，其人员损失再次居高不下。（女王兰开夏团供图）

他们在村里撞上一辆装满日军的卡车，并误以为这些日军是在盘问完村民后准备撤离。他们立即击毙了几名日军……并以为敌人已全部被肃清。他们仅阵亡了两人，另有比尔·埃奇（Bill Edge）等几人受伤。就在约翰（John）等待全排集结时，一挺机枪突然开火，击中了他和更多的人。就在他和我说话的时候，一声枪响传来，我们转身发现彼得·多兰斯（Peter Dorans）正拿着冒烟的步枪——路中央，一名佯装阵亡的日军士兵正在剧烈抽搐。

在众多参战部队中，卡尔弗特少校的纵队的表现最为出色。该纵队大肆破坏铁路交通，在南坎（Nankan）附近炸毁两座大桥，还多处切断铁路。当日军反扑时，卡尔弗特已让掩护分队和伏击分队各就各位："有一次，一群日军真的冲昏了头脑，决定全体冒险发起冲锋。他们拼命喊叫，但不知为何选择了一片毫无遮蔽的开阔地，结果被我们全部击毙。"在摆脱追兵后，卡尔弗特带领部下重新渡过钦敦江（Chindwin River），回到了安全地带。

## "星期四"行动（Operation Thursday）

"钦迪特"部队的第一次行动后，反对者原本打算取消远程渗透行动，但该部队取得的战果远远超过了物质层面。温盖特向记者解释道："我的'钦迪特'士兵大多并非青年，他们的年龄为28岁—35岁……如果来自利物浦和曼彻斯特的普通家庭的男性都能完成训练，并最终精通敌后丛林作战，那么任何合格的英国士兵也必然能做到。我们将向世界证明自己是最优秀的战士，而且我坚信，事实确实如此。"

尽管这些话说得豪气干云，但"钦迪特"部队也没有忘记吸取教训，并对战术做了重大调整。在1944年的"星期四"行动中，空中补给与空地协同被提升到空前重要的地位，而且"钦迪特"部队还得到了美国陆军航空队菲利普·科克伦（Philip Cochran）上校及其第1空中突击大队（No.1 Air Commando）的通力配合。"钦迪特"部队也经历了大幅扩编，其三分之二的士兵将搭乘滑翔机和常规运输机实施敌后空降，并利用推土机开辟丛林简易机场，以便C-47"达科他"等大型运输机直接起降。开始地面作战后，"钦迪特"部队仍致力于破坏补给线和伏击敌军，但将以"据点"为中心展开行动。

温盖特将这种行动比作猎杀大型猛兽，并将俯瞰空降区或空投区的高地据点视为“狩猎台”（Machan）。温盖特的下属部队将引诱“猛虎”（即日军）进入伏击圈。上述“据点”一般没有现成道路可用，而且最好设在群山之中——既能威胁敌军，又易守难攻。在这种环境下，日军将无法使用重装备，而特种部队则可以派出多个纵队，从周边阵地发动迂回突袭。而且伤员可通过“据点”内的机场空运后送，不会再像过去那样遭到抛弃。此类“据点”有常备驻军，并有空运过来的轻型火炮加强防御。神奇的是，温盖特甚至希望将“据点”发展为微型社区，并在其中开设商店等设施，甚至连师歌舞团也将通过空运进驻。这种做法与 25 年后美军在越南的做法可谓是异曲同工，只是前者的“英国风格”更加浓厚：以“布莱克浦”（Blackpool）据点为例，其防御阵地均以板球场上的接球手位置（Fielding Position）命名——例如“据点”本身被称为“桩门”（Wicket），当地与日军来袭路线之间的阵地被称为“正后内野”（Point）和“外野”（Extra Cover）。

此外，“钦迪特”部队还会采用所谓的“挡击”（Block）战术，即在敌军交通线上设置临时阵地，并尽量长久维持该阵地，力图切断敌军补给，并引诱其进入伏击圈。这些特别的阵地应当有道路可供部队通行，一旦敌军调集优势部队，“钦迪特”部队将立刻撤离。

英军逐渐认识到近战武器在丛林中的重要性，并派遣德里克 · 塔洛克（Derek Tulloch）准将前往伦敦评估新型装备。随后“钦迪特”部队不仅得到了特别行动处（Special Operations Executive）提供的消音手枪，还获得了“斯登”冲锋枪和便携式“救生圈”火焰喷射器。“钦迪特”部队获得的另一种新武器是 PIAT：虽然日军装甲车辆很少在丛林深处出没，但 PIAT 仍可以用于摧毁工事和卡车——只要直接命中，卡车就会“彻底解体”。另外，该部队还首次配备了美制 0.30 英寸 M1 卡宾枪。

在 1944 年，尽管物资补给问题已较前一年有所改善，但“钦迪特”部队的每个成员仍需要携带沉重的物资行动。有记载显示，为容纳更多物资，每个士兵都需要在 37 型标准小背包两侧额外缝制弹药袋。在尼日利亚团第 7 营（7th Bn, Nigeria Regt），沃恩（Vaughan）中校注意到，其麾下的非洲士兵的标准装备包括个人武器、弹药、两枚手雷、一个“布伦”轻机枪弹匣、全套换洗衣物、四双袜子、餐具、水壶、阿拉伯式水袋、医疗包、洗漱包、抗疟药、防潮布、防毒披风、绳索、工兵铲、砍刀、折叠刀，以及五天的口粮。军官虽可酌情精简物资，但大多数人仍需携带手表、指南针、手电、地图、铅笔，甚至一张轻型丛林吊床。虽然一些资料宣称士兵的负重为40磅，但他们的实际负重远超这一数字。

随着“星期四”行动的展开，日军彻底失去了战场主动权。但在丛林中，短兵相接的步兵战仍在继续，这种情况在夜间经常出现。理查德·詹姆斯（Richard Rhodes James）上尉回忆道：

次日晚上，国王直属皇家团第2营出动了。我们得知，目的地附近还有一支廓尔喀部队。我们又一次停下等待，以便与廓尔喀人会合，但在此期间有噩耗传来——一个纵队违背了我们的作战铁律：队列不能在夜间出现缺口。不幸的是，这个缺口位于战斗人员和支援人员之间（即所谓“软腹部”），在路旁蛰伏的日军迅速抓住战机，向落后半英里的支援人员直冲过去。混乱中，一名日军军官冲过小径，将一名国王直属皇家团的军官斩首，随后他就被我们的士兵用“斯登”冲锋枪击毙。不过，在这些混乱中，国王直属皇家团第2营最终阴差阳错地摆脱了危险，而且给敌人制造的杀伤高于自身损失……

“钦迪特”纵队的英国军官，本照片拍摄于1944年2月的“星期四”行动期间。照片左侧的是迈克尔·卡尔弗特（Michael Calvert）少校，他是丛林作战技巧的早期传播者，也是1943年最成功的“钦迪特”纵队指挥官，后来他成了英国特种部队的传奇人物。将本照片与战争初期拍摄的照片进行比较，可以看到英军前线部队在短短两年多的时间里取得了巨大进步。照片右侧，一位军官拿着0.30英寸M1卡宾枪，理查德·詹姆斯（Richard Rhodes James）上尉回忆说，他第一次看到这种武器是在收到为“钦迪特”部队空投的物资时：“我们拆开箱子，打量了它们一番，发现这些武器很轻，甚至可以说得上是‘脆弱’，但它们使用起来非常方便。我们退到丛林的一角进行了一些练习，发现头几发子弹很容易卡壳，但故障很快就能排除。而且令人高兴的是，这种武器的后坐力非常小。不过，这些武器看上去很难用雨水清洗干净……”（帝国战争博物馆供图，图片编号MH7287）

耐人寻味的是，目前还有一种说法在流传，即温盖特突然在1944年3月24日死于空难后，斯利姆将“钦迪特”部队改为由高层指挥部直辖，并负责执行传统任务的原因是他对温盖特的嫉恨。但这种说法并没有任何根据。斯利姆本人指出，到1944年8月时，“钦迪特”部队的士兵已筋疲力尽，无法再发挥任何作用。虽然“钦迪特”部队直到1945年年初才在印度被解散，但在1944年8月，其下属大部分部队已被卷入常规步兵作战，人员伤亡数字不断攀升。至于盟军东南亚战区最高司令（Allied Supreme Commander South-East Asia）蒙巴顿（Mountbatten）海军上将则给出了更耐人寻味的解释：“‘钦迪特’部队已无存在必要，因为我们全军现在都是‘钦迪特’部队了。”

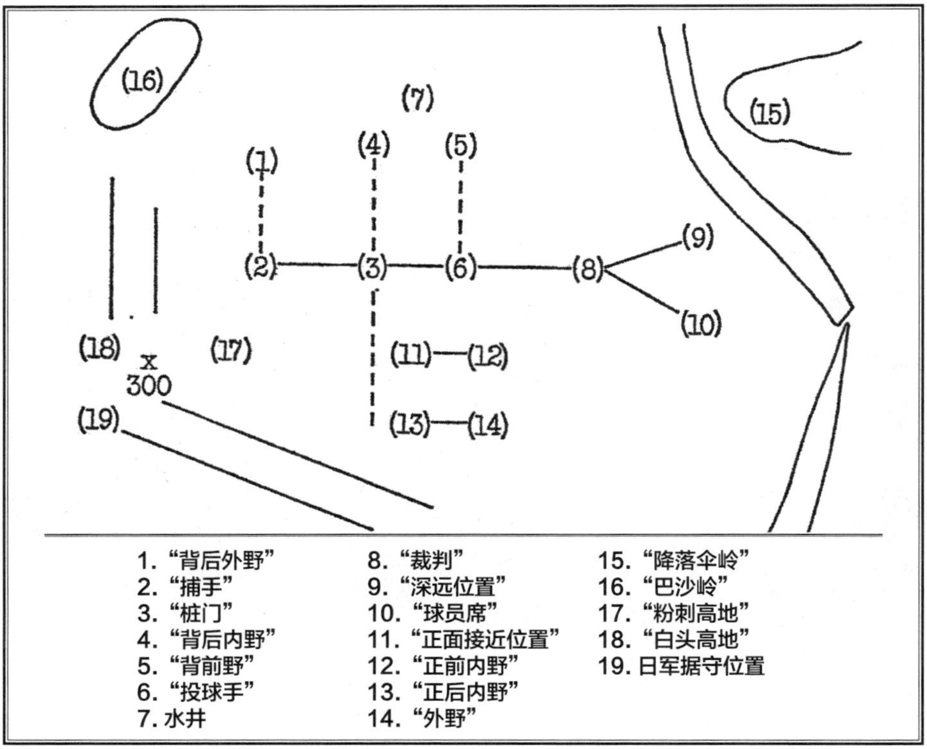


*1944年“星期四”行动期间，“布莱克浦”据点[最初名为“克莱德塞德”（Clydeside）据点]周围的“钦迪特”部队防线，摘自约翰·马斯特斯少校撰写的官方报告。在为各种阵地命名时，英军使用了板球术语，因此只有最见多识广且熟悉英语的日本情报人员才能理解其含义。马斯特斯后来成为畅销小说家，并在其战时自传《曼德勒之路》（The Road Past Mandalay）中为“星期四”行动留下了有声有色的描绘。*

1944 年，在缅甸北部，兰开夏团第 2 营的士兵帮助美军运输机装载物资，以便为丛林中的前线部队提供补给。庞大的运输机队是英军的一大优势，也是日军长期忽视的“一大领域”。在战争的这一阶段，盟军在东南亚享有绝对空中优势，但另一方面，受科希马战役和英帕尔战役的影响，“钦迪特”部队未能在其参与的第二次行动中享受到空中补给优先权，这也是导致该部队最终被纳入盟军整体行动、不再单独承担特种作战任务的原因之一。（女王兰开夏团供图）

第 81（西非）师一名面部有部落疤痕的士官。第 81（西非）师和第 82（西非）师于 1943 年春夏在尼日利亚组建，其兵员来自尼日利亚、黄金海岸[①]、塞拉利昂和冈比亚等地。这两个师分别在 1943 年 8 月和 1944 年 7 月赴印度前接受了一些丛林训练，但集体训练仍然不足。虽然英军在 1943 年 9 月为皇家西非边防部队（Royal West African Frontier Force）编写了《排级战斗规程与丛林作战战术》（Platoon Battle Drills and Jungle Tactics）手册，但该手册的内容主要来自一战和一战后的治安作战经验。在 1944 年 1 月—2 月的“第二次若开战役”（Second Arakan）期间，第 81（西非）师在卡拉丹河谷（Kaladin Valley）陷入苦战，但在 1944 年 9 月—1945 年 4 月的“第三次若开战役”（Third Arakan）中该师的表现有显著提升。第 81（西非）师的第 3（西非）旅还于 1944 年春季随“钦迪特”部队参加了“星期四”行动。（帝国战争博物馆供图，图片编号 IND3098）

①即现在的加纳共和国。

# 野战手册FM 72-20：美军战术，1944年

美国陆军关于丛林作战的“决定性文件”是野战手册 FM 72-20，但该手册发布的时间（1944 年 10 月）太晚了。与英军一样，美军的理论也因特种部队的贡献而受益良多。在美军中，第 5307 联合分队（5307th Composite Unit）尤其值得一提，该部队也被称为“迈瑞尔掠夺者”（Merrill’s Marauders），其麾下有 400 人曾于 1944 年 2 月—8 月在缅甸作战。第 5307 联合分队是缅甸战区唯一一支美军地面作战部队。

FM 72-20 指出，步兵必须“与两个敌人（敌军与自然环境）作战”，“你无法战胜自然环境，而是必须适应自然环境”。因此，该手册有一半篇幅都是卫生、防疫、环境适应和动植物方面的内容。在对待动植物方面，该手册提倡“互不侵扰”原则，只有“病媒昆虫”（如无处不在的蚊子）除外。幸运的是，在战术改进的同时，医学也在不断进步，随着奎宁被阿的平（Atabrine）和甲帕喹（Mepacrine）等新型

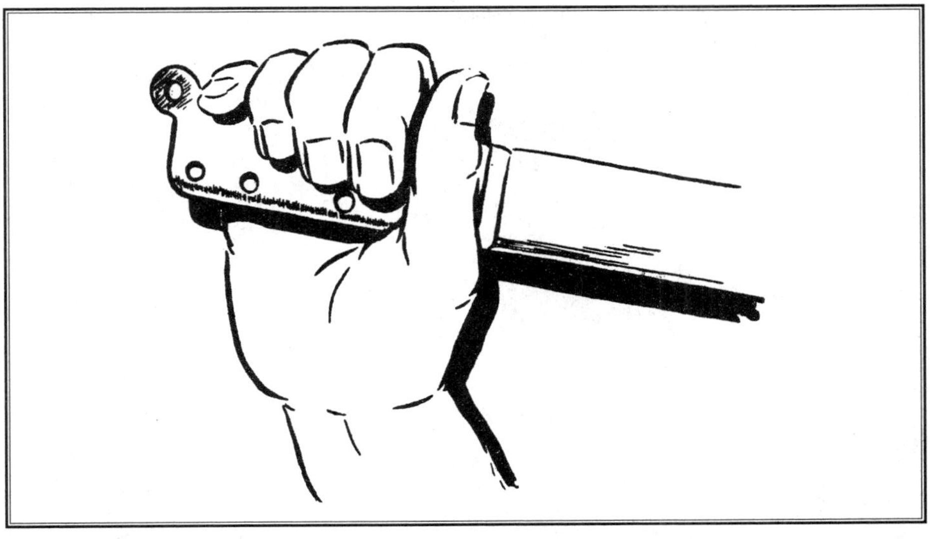

1944 年，美军在 FM 72-20 中介绍了很多细节，甚至包括大砍刀的正确握法。该手册对大砍刀赞誉有加，认为它们既是丛林中的开路利器，也是“在夜间不便开火和需要保持安静时，杀死哨兵和熟睡敌人的工具”。在使用大砍刀时，正确的方法是快速挥刀，而不是加大力量。最初，使用者应只用拇指、食指和中指紧握刀柄，然后手腕用力向前挥动——只有在刀刃嵌入目标时，使用者才需要用整个手掌紧紧握住刀柄。该手册还提到，在斩击“藤蔓或人臂”时，从目标斜上方 45 度角出刀最为有效。

药物取代，疟疾感染率在一线部队中大幅下降。虽然大部分太平洋岛屿上都没有蛇，但该手册指出，一旦遇到蛇，士兵应像对待“哑火的高爆炸弹”一样，尽量远离它。如果被蛇咬伤，士兵必须杀死毒蛇，以供医务人员辨识蛇的种类，并给予正确治疗。另外，该手册还建议士兵在被蛇咬伤后使用止血带或吸出毒液。

*1943 年 1 月，新几内亚：在吃了几天的预制“C”口粮后，美军正在就地取材，烹煮“丛林炖菜”。虽然罐装“C”口粮的热量很高，但士兵们几天就会吃腻，而且该口粮不能满足部队长期作战需要。另外，受太平洋地区的炎热天气影响，该口粮内部的食物经常融化分层，让饥肠辘辘的士兵一开罐就觉得恶心。*

## 武器和服装

野战手册 FM 72-20 明确指出“对于受过训练的部队……不存在无法穿越的丛林”。此外,在 1941 年之后,美军对武器的认识也发生了重大变化。该手册指出:手榴弹和迫击炮虽然难以运输，但仍是一种“高效的丛林武器”；小口径武器及其弹药携带容易,但“无法单独完成大规模作战”。该手册还将手榴弹视为攻坚利器,并要求每名步枪手在理想情况下携带五六枚手榴弹（其他单兵武器包括步枪、卡宾枪、手枪、冲锋枪及堑壕刀）。相对于长刺刀而言，美军更推荐使用短刺刀，原因是它们不易挂到藤蔓和树枝。一些人还在回忆录中提到了泵动式霰弹枪，以及改装后用于直瞄射击的 60 毫米迫击炮（据说操作这种迫击炮非常危险），以及配备两脚架与枪托的 0.30 英寸 M1919A6 轻机枪。

在服装方面，野战手册 FM 72-20 的建议没有什么创新，只是推荐“人字斜纹布两件式作战服”，并认为它们“非常合用”。该手册还指出，部队必须详细关注服装和装备的保养问题,建议在夜间将衣物和装备挂起来,并以浸油布条保护枪机。另外，该手册还给出了应对木质枪托受潮膨胀的方法。

## 防御战术

军队在丛林中无法构建线式防御,相反,防御阵地将由一系列相互支持的“岛屿”组成。如果因射界有限而导致无法为友军提供火力支援，部队应退而求其次，构建环形阵地，并确保所有战位中的士兵都能彼此联系。此外，部队还应布置前哨阵地——其位置应兼顾延缓敌军推进、向主阵地发出预警和有序撤退等三重需求。在实施防御时,警戒措施应包括派遣巡逻队,使用绊索、摇铃、诡雷和照明弹等。此外，部队还可以遥控引爆汽油罐，这种装置可以给敌人致命“惊喜”，但汽油罐必须与己方保持一定距离——其所在位置应当足以让己方看清敌人轮廓，又不影响己方视线或行动。

在防御阵地中，自动武器的设置地点至关重要。这是因为“在进攻初期”，敌军“必定会全力确定其位置，并加以摧毁”。野战手册 FM 72-20 要求“必须在主阵地、后备阵地和辅助阵地之间来回转移此类武器，并持续留意保持伪装，以隐藏其真实位置。此外，机枪组还必须由配备卡宾枪的班组成员提供保护”。虽然美军经常成对配置机枪，但野战手册 FM 72-20 同样指出，更好的方法是单独部署机

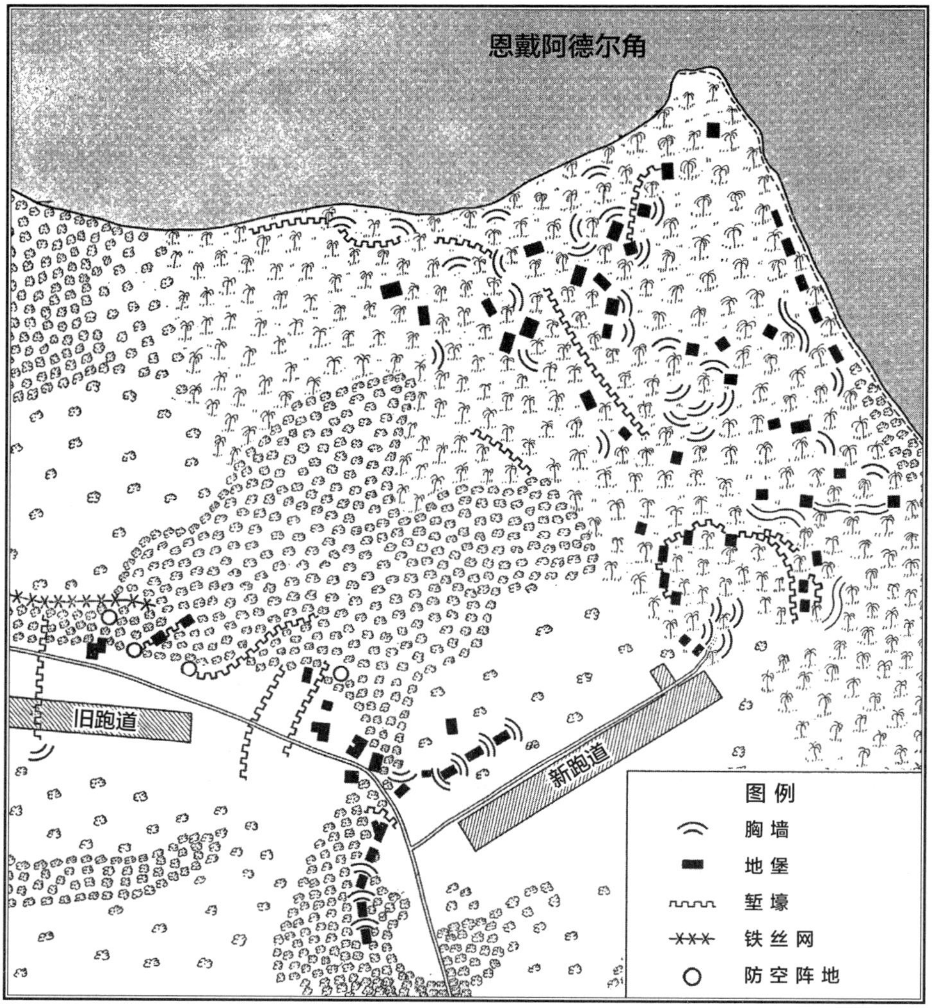


*1944 年 10 月，美军野战手册 FM 72-20 中的新几内亚布纳日军防御工事图。我们可以从这张图中看到，防守方的火力可以覆盖所有开阔地带。此外，还有许多地堡与战壕位于树木和丛林间，可以自成体系，并相互支援。在恩达亚德雷角（Cape Endaiadere），日军地堡系统尤其密集。在本图的左下方，日军还在旧跑道上修建了战壕。*

枪，从而有利于“在阵地周边构建连续的交叉火网，覆盖敌军所有可能来袭的道路”。虽然在实施防御时射界至关重要，但防御部队最好保留一些植被，以避免暴露武器战位。由于在丛林中视线不佳，部队应尽量下放火力控制权限，最好是“下放到连以下级别”。

迫击炮与火炮的首要任务是对阵地周围进行标定，并规划集火目标点。完成规划后，这些集火目标点将被标注在连长的地图上，如果这些迫击炮与火炮旨在为特定排级部队提供保护，上级还应将相关信息提供给排长。由于开火会产生枪口焰，进而暴露阵地，因此在夜间实施防御时，部队需严格贯彻开火纪律，严禁胡乱开火。至于来袭敌军，则应主要用手榴弹消灭。一般来说，手榴弹应贴身存放在口袋或手榴弹袋内，抑或“置于阵地置物架上”，并“严禁随意放在散兵坑中”。如果阵地在夜间遭遇敌人渗透，部队应尽量使用刺刀与匕首杀敌，避免发出声响。在夜间，步枪必须随时保持“上刺刀”状态。

## 巡逻战术

美军认为巡逻意义重大。此类行动既能搜集情报，阻止敌军刺探己方阵地，还能悄然向敌人发动攻击。在执行任务期间，巡逻队可能会远离主基地数天之久。如果行动持续时间在六七天以上，巡逻队还必须建立小型隐蔽基地。

在丛林中，巡逻队一般会以纵队队形前进，但其也应尽量向“视野极限”附近或 100 码外（以较近者为准）部署侧翼警戒力量。如果巡逻队的人数有 8 人或 8 人以上，就应尽量采用“压缩菱形队形”，即一旦地形允许，就能迅速展开为标准菱形队形。若当地植被较为稀疏，巡逻队最好在行进时完全离开现成的道路。

战斗巡逻队最少可由 3 人组成，最多可达 1 个排的兵力，如果有任务需要，其成员还将额外携带自动武器与炸药。针对茂密的低矮树丛环境，美军推荐巡逻队成员使用卡宾枪，而不是传统制式步枪。米尔顿 · 谢德（Milton Shedd）中尉曾在布干维尔岛（Bougainville）领导过一个七人巡逻队，该巡逻队一共拥有两支“勃朗宁”自动步枪、一支“汤普森”冲锋枪、一支卡宾枪、三支 M1“加兰德”步枪和 33 枚手榴弹。这种配置在当时相当常见。另外，巡逻队还会配备一名土著向导，并分为多个三人巡逻小组或“侦察小组”：

一名配备步枪或卡宾枪的尖兵，其后方 10—20 码处是一名步枪手。第三个人携带轻型自动武器，在更后方 10—25 码处跟随前进。整个小组可以统一配备冲锋枪。尖兵应专心观察前方和侧翼，在他后面跟进的队员应重点观察树上。殿后的人需要为小组提供火力掩护，并观察后方情况……小组所有人应始终保持目视接触，这有利于相互保护，确保指挥顺畅。在夜间，侦察小组应使用声音信号联络，并缩短人员间距。

*1945年3月2日，在新几内亚艾塔佩，澳军巡逻队沿着“黄金阶梯”（Golden Stairway）小心前进。虽然这些士兵都轻装上阵，但他们仍然带足了弹药。注意看，在队伍最前面的士兵的“欧文”冲锋枪（Owen SMG）上，还有用胶带固定的双排弹匣。*

1944 年 12 月，缅甸，克钦族士兵穿过燃烧的通格村（Tonnges）。这些“山地部落民”正在为英军第 36 师攻击 1 座村庄，据说村内有“日军间谍和警察”驻守。[东南亚司令部（SEAC）/ 英国信息部（Ministry of Information）供图，图片编号 SEU 1194 WPL]

1945 年，缅甸瓦乌（Waw）以东，女王卡梅伦高地团第 1 营的士兵正在离开冲锋舟。这张照片是在后续行动中摆拍的（请注意整齐的木制标志，以及正在抽烟的当地船夫）。这个班以两个装备了“汤普森”冲锋枪的士兵开道，以便充分发挥近战火力。东南亚大部分地区的道路网都不够完善，河流既是天然防线，也是部队和物资的运输命脉。

*1945 年 5 月，北婆罗洲：第 2/43 步兵营的澳军（隶属于久经沙场的澳军第 9 师）正在准备与第 2/9 装甲团的“玛蒂尔达”坦克协同作战，并尝试将美制 SCR-506“手持对讲机”与坦克电台组网。步坦高效协同是盟军在 1944 年—1945 年取胜的关键：基层部队之间必须建立可靠通信，在密林地形中，这尤为重要。*

# “全员玉碎”，1944 年—1945 年

战争初期，日军曾凭借纯进攻性步兵战术在丛林中所向披靡。在转入防御之后，他们却反而损失惨重。《美国陆军手册》（*US Army Handbook*）指出：“日军素来厌恶防御作战。他们根本不想采用这种战法。”在 1938 年之前，日军的作战条令只将防御作为进攻前的过渡阶段。即使是在固定阵地中实施防御，其目的也仅限于消耗敌军，为反攻创造条件。虽然日军后来颁布的《作战要务令》（*Sakusen Yomurei*）对此有所修正，但上述旧习惯已经深入日军骨髓。日军仍经常鲁莽实施反击，而且缺乏协调和支援，这导致他们在盟军的机枪、火炮、装甲车辆、飞机和舰炮面前死伤枕藉。

尾川正二就是亲历者之一，令他恼火的是，澳军刻意回避“步兵对决”，“将大部分战斗交给了‘机械化力量’”。他还发现，战斗规模越大，步枪兵似乎就越没有存在价值。面对持续不断的机枪扫射，尾川正二无法用栓动步枪还击，他甚至觉得还击这种行为是“荒谬至极”的。后来他回忆说，这种战争形态彻底颠覆了他的“世界观”。

在 1944 年—1945 年的缅甸战场，日军的阵亡率是英联邦国家军队的 13 倍。即使在美军的历次强攻登岛行动中，日美双方士兵的死亡比也经常达到 10:1。日军的“玉碎”精神令所有人触目惊心。新几内亚的戈纳（Gona）地区，当澳军攻占一处急救所时，日军伤员甚至在担架上疯狂开火还击。为避免重伤员受苦或被俘，军医会将他们秘密处决。如果抵抗无济于事，一些日军步兵甚至会“坐以待毙”。而在另一些情况下，受伤或失去武器的日军士兵会向盟军大喊大叫，试图将对手吓退，甚至还会撕咬对手。很多日军士兵还会留一枚手榴弹用于自杀，或者与一两名盟军士兵同归于尽。阿诺德（A.S.W.Arnold）中校回忆道：“一名日军军官拿刀挡在坦克面前，完全不理会劝降，反而嚣张地挥舞着太阳旗继续挡路。最后，他被车载机枪撕成了碎片。”

除了火力失衡之外，日军还饱受补给匮乏之苦。与“钦迪特”部队类似，日军经常宰杀骡马充饥。到战争后期，很多士兵都被迫靠树叶和草根活命。新几内亚战役末期甚至发生过“人相食”的惨剧。在新不列颠岛，军医小川保（Ogawa Tamotsu）记录道：

阵亡者中只有很少一部分死于战斗，死于饥饿和各种疾病的大有人在。在丛林中奔波时，他们一个接一个倒下……因为阿米巴痢疾、疟疾、营养不良。缺胳膊少腿的人只能自己想办法行走，蠕虫和蛆从他们破破烂烂、沾满血迹的军装上落下。患有痢疾的人只能赤身而行。

日军战术失效、后勤匮乏，与之形成对比的是，盟军对丛林小分队作战有了很深的领悟，渗透战术已成为他们的常用手段。英军1944年12月发布的《远东作战手册》（*Warfare in the Far East*）在图解中指出：遭遇抵抗时，各排应迅速进入丛林，绕过目标；在防御时，多种形态的伏击将成为主要御敌手段。

当时，盟军已在基本战术模式中抛弃了“侧翼”的概念，并转而强调单兵对抗领域的进攻性和战术动作素养。在推进时，部队需要随时提防狙击手，同时留意上方和下方，“如果遭遇狙击，立刻寻找掩体，并迅速变换位置，锁定狙击手的位置，并将其击杀”。如果陷入孤立，而且寡不敌众，士兵应悄悄躲藏起来。在丛林中作战时，“隐蔽待机”是一种公认的战术，甚至在50码的距离开火都可以算是“远程射击”。

与早期的指令不同，此时的盟军要求士兵不能在拔出插销后立刻扔出手榴弹，而是要等到最后一刻再出手，以防止日军将手榴弹掷回。1945年出版的《远东战场作战准备事项》（*Preparation for Warfare in the Far East*）还介绍了另一种手榴弹投掷技巧：将米尔斯手榴弹的引信定时为4秒，然后把它装进枪榴弹发射器，朝树冠开火，以清除藏身的狙击手。

日军专业战术人士认为，盟军的主要进攻模式是“编织火幕”，然后让步兵跟进。因此，他们觉得唯一的破解之道就是利用手头一切武器打乱盟军步兵和支援兵种的配合，继而实施反击。虽然盟军在自动武器方面拥有优势，但其近战武器相对较少，因此日军认为自己必须尽可能与敌人近身肉搏。这种战术困境也体现在一份文件中，该文件题为《英军战法与我方对策》（*British Army Methods and our Counter Measures*）。该文件最早在1943年5月被盟军缴获，随后它被翻译收录进了英军的《陆军训练备忘录》（*Army Training Memorandum*）。该文件记录道：“切忌消极防御，此等战术将使英军从容构建火力优势。在防御时，阵地应选在不会遭到火力攻击的位置。”

日军对进攻、使用冷兵器肉搏的热情从未熄灭，哪怕这些做法徒劳无益，甚至如同送死。印度第 26 师在战史中记录了 1945 年 3 月在缅甸东固（Taungup）附近发生的一起事件：

有一次，日军砍倒树木，切断了数百码长的山道，并在陡峭的山坡上构筑了配有机枪的纵深防御工事。第 7 拉杰普特团（7th Rajput Regiment）的一支小规模部队摸索着前进，试图迂回到山丘后方。突然，从战壕内跃出一名右手挥刀、左手拿着手枪的日军大尉。此人径直向连长扑去。比什拉姆·辛格（Bishram Singh）准下士立即用“斯登”冲锋枪对准这名日本军官，但子弹卡壳了。就在日军大尉举刀欲劈之际，辛格闪电般地掐住对方的手腕，一把夺过他的手枪，并将他击毙。三名日军随即挺着刺刀冲来，辛格拔掉手榴弹的保险销，闪到树后将其扔了出去，击毙了这群日军。

在康高（Kangaw）地区，日军反复对同一区域发动反攻。第 1 突击队（No.1 Commando）的列兵拉尔夫（Ralph）说，当时的情况与“罗克渡口之战（Rorke's Drift）”[①] 类似：

诺兰（Knowland）中尉是我们第 4 排的军官之一，他在开阔地带来回穿行，宛如闲庭信步。他时而操作 2 英寸迫击炮，时而使用“布伦”轻机枪或“汤普森”冲锋枪开火，任何武器都信手拈来。有些画面让我记忆犹新：1 名日本军曹挥舞着军刀冲来，结果他遭到了整个山上的士兵的火力攻击；有一个白痴跑出来想拿走那个军曹的军刀，结果反而被日军打中，最后被战友们拖了回来。在一次进攻失利后，有一名日军士兵被同伴抛下。看到自己有可能被俘，他竟然拉开手榴弹的保险销，用身体压在上面，最终他炸成了一堆碎片。敌人最近时距我仅有 20 码，由于山上植被茂密，你只有在距离敌军很近时才能看见他们。有个列兵的名字我

① “罗克渡口之战”发生在1879年的祖鲁战争期间，战斗地点位于现在的南非境内。当时数百名英军士兵占据了一处贸易站，并仓促构筑了环形工事，利用刺刀和步枪抵挡数千名祖鲁战士的进攻。最终，英军士兵在弹药耗尽前，以17人阵亡的代价守住了阵地。

不想再提了，这家伙在战前扬言要赢得维多利亚十字勋章，但他在战斗中却躲在树后面。勇气是一种毫无道理可言的东西。战争就是这么诡异，它让你沉迷其中，就像是在参加一场竞赛。

在蒙达岛与关岛的日军更为“狡猾”。他们经常在夜间发起袭扰，用军刀、砍刀甚至是短柄斧突袭散兵坑内的美国海军陆战队士兵。这些奇袭者有时会跳进武器掩体一通乱刺，然后迅速撤离。还有一些日军的做法更为谨慎，他们一般先匍匐接近美军的阵地，并在枪声掩护下扔出手榴弹。虽然这些日军会暂时暴露目标，但如果美军在夜间开火还击，就会遭遇伺机而动的日军狙击手或重武器攻击。正如一位美军下士所言：“他们不是什么超人，而是些狡猾的混蛋。”

在丛林中作战时，日军更倾向据守高地，并巧妙利用山谷的隐蔽优势。正如美军在《日本军队手册》中所说的那样，丛林中几乎不存在“战线”。只有少数几条路线可以用于接近日军阵地，而且日军只需要派出少量士兵就足以扼守高地。日军喜欢设置一条前哨警戒线，并主要派遣狙击手与观察员在此据守。该警戒线将充当预警屏障，一旦敌军攻入，里边的士兵可选择撤回主阵地或就地隐蔽，并等待敌军攻击部队通过后从其后方开火（但驻守人员也很可能因此而丧命）。在丛林中，狙击手即便开火，进攻部队也很难确定其位置。美军第 27 师战史曾这样描述散兵线在丛林中艰难推进的情况：士兵们只能从各处短暂起身冲刺，然后再次卧倒。如果遭到攻击，他们将立刻用“加兰德”步枪快速回击，与此同时，邻近部队也会向同一目标或相邻树木开火。在有些情况下，哪怕什么事情都没有发生，美军仍会用火力把可疑树木“清扫”一遍。

数量稀少的日军火炮经常引而不发，直到盟军靠近步兵阵地时才开火射击。但在有些情况下，日军也会组织炮火压制。日军的主要防御体系通常“由一系列支撑点组成，这些支撑点具有一定纵深，可以相互支援，而且每个支撑点两侧和后方都有步枪手在散兵坑和树上提供掩护。日军的阵地通常采用环形防御模式。一旦选定设防地点或区域，日军指挥官就会规划‘火力网’，以确定自动武器的射击阵地和火力扇区。日军会围绕这些武器部署步枪手……如果地形允许，日军还会利用洞穴隐藏自动武器和步枪手。他们将机枪视为防御的支柱”。

日军会逐步修缮防御工事：

最初是简单的散兵坑［日军称其为“蛸壶壕”（“蛸壶”就是章鱼），因为散兵坑形似日本渔民捕捉章鱼的陷阱］和武器掩体，随后会逐步发展为地堡、碉堡和坑道体系，最后则会演变为要塞工事，它们极为坚固，只有大口径延时引信炮弹或炸弹能造成破坏。

由于普遍缺乏混凝土，日军经常就地取材，使用原木、泥土、米袋和珊瑚等材料。在各个地堡和掩体之间，日军会修建交通壕。这些交通壕不算深，但设有防爆墙和曲折的入口，可以降低炮弹爆炸和侧射火力的威胁。日军重视伪装，经常利用丛林植物提供掩护。这些植物生长迅速，很快就能覆盖阵地。日军还会让地堡顶部的坡度尽量平缓，以免产生明显阴影并保持自然外观。

鉴于盟军在支援武器方面占据绝对优势，日军警告守军不要过早开火，日军认为：

最佳开火距离应当为50码左右，即略在手榴弹投掷范围之外。自动武器应一直保持静默，直到盟军进入“火力通道”……力求在敌人攻入阵地前予以歼灭。

相关文件还指出：

一旦盟军靠近，日军就会猛烈射击。掷弹筒和迫击炮也会从后方提供支援。在前线，未遭威胁的枪炮最初会保持静默，然后突然开火，从而制造突然性。为追求隐蔽，日军的碉堡大多视野较差，在丛林茂密处尤其如此。作为补救措施，日军会在树上部署观察员，以便利用信号引导自动武器操作手开火。即使一个或多个碉堡被压制，其余自动武器仍会持续开火支援反攻部队。日军还要求所有守军做好“全员玉碎”的准备。

日军还经常利用反击来打乱盟军的阵脚，但其投入的兵力可能不超过一个分队（通常由军官或军士带领）。日军一般会提前标定己方阵地的坐标，如果判断开火的结果有利于己方，日军还会在盟军攻入己方阵地时毫不犹豫地发起炮击。

在垂死挣扎时，日军经常使用一种反坦克战术——“人弹”。本照片就是一个失败战例。这名日军士兵蹲伏在丛林小径的坑洞中，计划在坦克经过他的头顶时引爆航空炸弹同归于尽，但他还没来得及这样做就被击毙了。（帝国战争博物馆供图，图片编号 IND4740）

## 步坦协同

后来，盟军步兵也学会了对付日军支撑点的方法。1943 年 1 月初，澳军已经将坦克与临时爆破小组结合起来：

> 坦克负责破坏阵地，并用高爆弹和机枪扫射钻出来的敌人。随后，第一个步兵小组会将强力自制炸药包塞入最近的碉堡开口。炸药包爆炸后，第二个小组将赶来朝碉堡内部投掷汽油罐，并通过曳光弹或信号弹将汽油引燃。

数月后，美国海军陆战队开始组建专门的“突击爆破组”（一般每个团会配备两个）——通常为排级规模，以火焰喷射器或轻机枪为核心。1944 年 9 月的贝里琉岛（Peleliu）战役后，美军又制定了著名的“压制战术”，即在部队内组建多个火力小组，每个小组包括一名“巴祖卡”火箭筒射手、两名勃朗宁自动步枪射手和一名步枪手，专门负责对敌军阵地进行饱和火力打击。在火力小组完全“钉死”目标后，其他小组即可抵近并摧毁碉堡。一般来说，爆破班会使用帆布炸药包或爆破筒，喷火组会配备两具背负式火焰喷射器（由 2 名步枪手提供前进掩护）。这种战术又被称为“开瓶器和喷灯战法”（Corkscrew And Blowtorch Method），它后来成为美国海军陆战队训练的一部分。

日军防御的另一大短板是缺乏优秀的反坦克炮。九四式 37 毫米速射炮是日军的通用装备，但在 1000 码的距离上，其穿甲能力仅为 25 毫米。在缅甸，步兵第 215 联队的常田梅雄（Umeo Tokita）亲眼见证了一门该型号的火炮的绝望战斗：“37 毫米速射炮组推炮上前，第一发炮弹就打断了一辆坦克的履带，但也仅此而已。他们接下来发射的炮弹根本没法穿透坦克的装甲。大部分我方炮手都被坦克群的集火射击打死了，火炮也被一辆坦克碾成了碎片。”1942 年，日军列装了一式 47 毫米速射炮。虽然该火炮能在 500 码外击穿 50 毫米厚的装甲，但必须在近处射击才能击穿盟军标准中型坦克——M4“谢尔曼”——的炮塔或车体。

日本的步兵反坦克防御理论被称为“弹性防御”（Dansei Bogyo）。日军规定，在遭到坦克猛烈攻击时，部分步兵要退回阵地，同时每个中队要派出一个受过“特训”的小队展开攻击。该小队将主要使用烟幕弹和反坦克地雷，并优先选择在坦克行动迟缓、易受攻击的地带（如狭窄林间小径）下手。不过，对盟军坦克手而言幸运的是，虽然这些日军极为蛮勇，但其武器的威力有限。日军需要先爬行到坦克前方，再埋下反坦克地雷，或者从隐蔽散兵坑中用绳索将反坦克地雷拖拽至坦克履带下方——士兵在使用这两种战术时，不仅需要当机立断，还形同自杀。此外，日军还会采用不折不扣的自杀式战术，例如一拥而上冲向坦克，然后设法破坏观察口，再用燃烧瓶和磁性吸附炸弹等武器来破坏履带和舱口等处（有时日军甚至会使用木桩、镐头和手枪），最后向坦克内投掷手榴弹。日军还发明了一种“刺突爆雷”，即在两米长的杆子前端安装锥形装药——使用者需要端着它冲向坦克。为了反制日军，盟军坦克手发明了多种临时防御手段。此外，他们还会用车载机枪“火力清洗”其他友军的坦克，以避免日军登上车辆。

*盟军在缅甸乘胜推进时的经典一幕：1945 年夏季，印度第 71 步兵旅（隶属第 36 师）攻占了缅甸某村庄后，南威尔士边民团第 6 营（6th Bn South Wales Borderers）的沃特金斯（Watkins）参谋军士长和拉维尔（Lavell）列兵正在巡逻 [ 旁边可见巴赫佛塔（Bahe Pagoda）]。该营作为印度第 71 步兵旅唯一的英国本土部队，此前刚从林肯郡团第 1 营（1st Lincolns）手中接过阵地。值得一提的是，战争初期，第 6 营曾在国内接受坦克手训练，但后来改为充当步兵，并被派往远东战区。该营不少官兵仍可能对装甲车辆的视野盲区有所了解——这为他们进行步坦协同作战提供了优势。*

这是一张罕见的照片：战争末期，日军集体向印度陆军投降。在 1945 年 8 月 14 日天皇宣布投降前，绝大多数日军都选择死战到底。在缅甸与一些太平洋岛屿上，由于补给断绝，很多日军在丛林中被活活饿死，或者死于各种疾病。

战争结束时，丛林作战的主动权已完全掌握在盟军手中。这种优势部分源于火力和后勤保障，但同样与士兵的心理素质和战术素养有关。英军在《远东战场作战准备事项》中指出：

毋庸置疑，在丛林中作战的人员必须训练有素、指挥得当，并且具备“丛林意识”。他们必须以单纵队前进，但也应随时准备好悄然分散进入丛林隐蔽。每位士兵都必须具备独立作战能力，并在必要时独自行动。军官应比士兵更健壮、机警，善于激发士兵的兴趣，并针对作战地域的丛林特性开展专项训练……应将丛林作战视作一项有益身心、充满趣味与激情的竞技运动，要让士兵在丛林中如鱼得水。他们必须认识到“丛林训练”是击败日军的必要手段。事实上，日军来自一个高度工业化的国家，其步兵在丛林环境中并没有先天优势。

在远东地区作战的士兵对饮用水的需求很大。在这张照片中，印度第 19 师的列兵哈里·拉姆（Hali Ram）正在用传统羊皮水袋（Chagul）饮水。他身上的厚款热带作战服（Tropical-weight Green Battledress）与 37 型携行具均为印度制造。而且和大多数前线步兵一样，他还为 0.303 英寸李 - 恩菲尔德步枪额外携带了可抛弃式的子弹带（可容纳 50 发子弹）。（帝国战争博物馆供图，图片编号 IND4483）

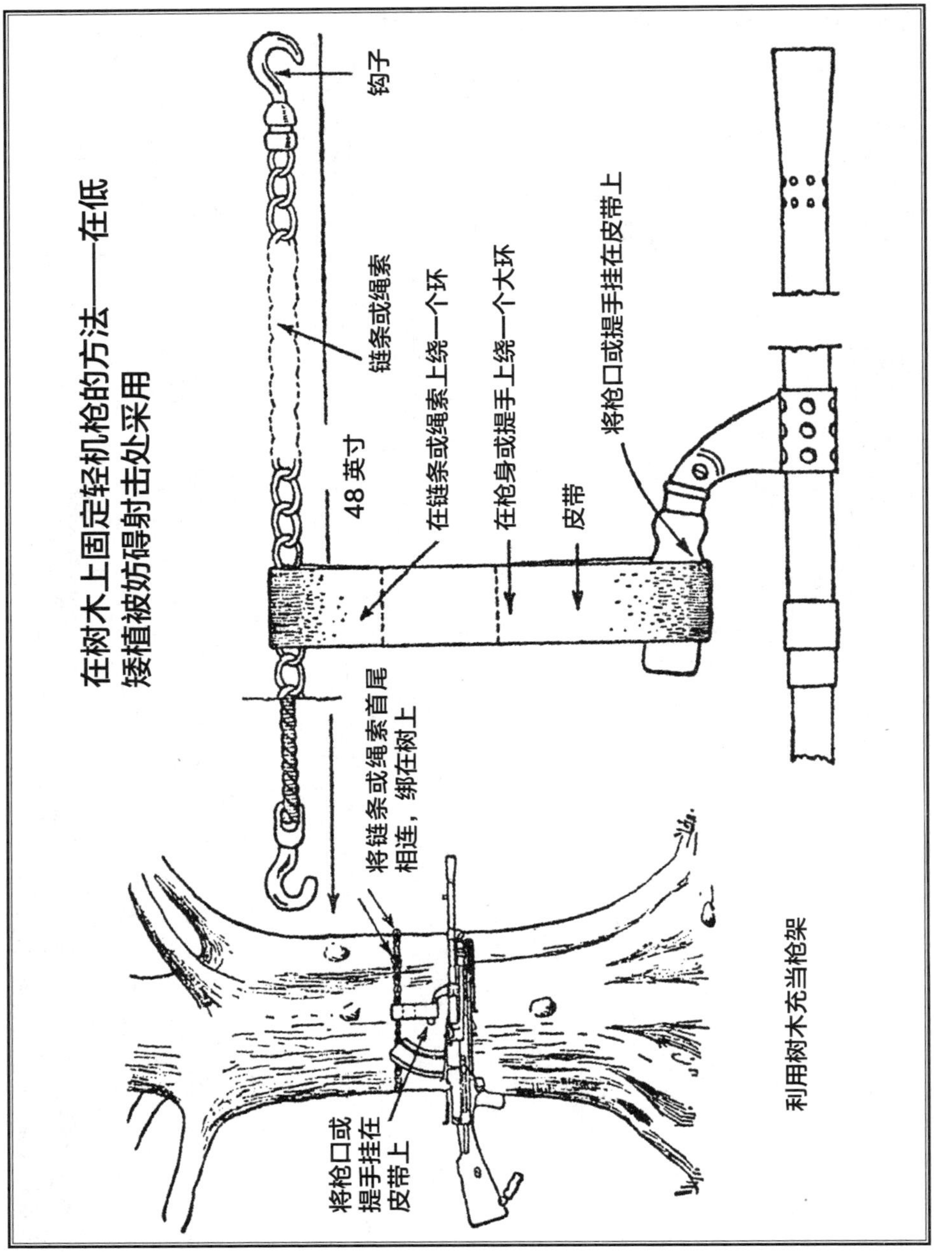


*“布伦”轻机枪“树上架设”方法的示意图。采用该方法，可以让机枪越过低矮灌木射击。本图摘自英军于1942年发布的《森林、丛林和雨林战》手册。*

1944 年，新几内亚科拉诺阿（Kelanoa）：第 1 巴布亚步兵营 A 连的萨拉（Sala）下士（手持 9 毫米“欧文”冲锋枪）。萨拉因为消灭了 36 名敌军而获得了军事奖章（Military Medal）。第 1 巴布亚步兵营的士兵都来自巴布亚，他们凭借卓越的丛林作战能力为澳军提供了重要支援。请注意，照片中的“欧文”冲锋枪的弹匣位于枪身顶部，依靠重力供弹，防尘性能优异，但存在重量较重和后坐力过大的缺陷。

## 从林制服和装备的改进

**1. 英军准下士，1941 年 10 月，新加坡，曼彻斯特团第 1 营，维克斯中型机枪射手**

曼彻斯特团第 1 营于 1937 年被改编为机枪营，并于次年抵达新加坡。当新加坡驻军的其他营被向北调往马来半岛时，曼彻斯特团第 1 营额外组建了一个“R 连”（下辖一个机枪排和三个步兵排）。R 连集中了全营所有的交通工具和八辆向当地华人租用的卡车，专门负责反坦克作战，并在防线被突破时充当“救火队”。图中这名维克斯中型机枪射手（他按标准规定携带了 Mk IV 三脚架）的形象参考了该团的战史照片。虽然他身穿作战制服，但总体仍能让人感觉到和平时期的整洁利落和一丝不苟。这张照片反映了对日开战之初热带地区英军的典型风貌。

该士兵戴着旧式“沃尔斯利”热带头盔（Wolseley Sun Helmet），头盔靠近帽檐处绑着一圈印度纱巾，纱巾上方折叠处有柠檬黄色镶边。纱巾上还缝有曼彻斯特团第 1 营的营徽——外观为菱形、底色为深绿色，并缀有金色鸢尾花团徽。临时添加的树叶的伪装效果令人啼笑皆非。这名士兵右臂白色布制“V”形军衔标识为临时缝制的。这名士兵将防毒面具包挂于胸前，以便随时打开使用。他身穿的卡其色埃尔特克斯棉布衬衫（Aertex Shirt）和斜纹布短裤原本是为在印度干旱丘陵地区作战设计的，尤其不适合丛林环境：其颜色在绿色环境中极为显眼，而且短袖和短裤更易导致蚊虫叮咬与荆棘划伤，进而让士兵患上疟疾和皮肤溃疡。请注意，37 式携行具配备了机枪手专用的手枪套件。

维克斯 0.303 英寸中型机枪性能可靠，可在拆解后由骡子运输，是少数能在丛林中使用的“大件武器”之一。该枪的有效射程达 3000 码，但由于在丛林中视野和射界受限，这一特性经常难以得到充分发挥。

**2. 美国海军陆战队士兵，海军陆战队第 2 突袭营，布干维尔，1943 年 11 月**

从 1942 年 1 月开始，美国海军陆战队陆续组建了四个突袭营。这些突袭营在被日军占据的岛屿上多次大胆执行任务，其最后一次行动发生在 1943 年 11 月，即收复布干维尔之战初期。之后，这些营在 1944 年 2 月被解散并入重建的海军陆战队第 4 团。和英军一样，在 1941 年，美国陆军和海军陆战队的装备都不适合在丛林中作战。不过，在本图中，这名士兵的装束和火力配置已有了明显改善。

美国海军陆战队 P1942 两件式丛林作战服采用绿色与褐色双面设计，并且可以反穿（在实战中士兵很少将褐色的一面穿在外面）。从 1944 年开始，该作战服因颜色不适合多种地形而遭到淘汰。图中的突袭营成员身穿一件素面鼠尾草绿色通用罩衫，并将 M1 钢盔悬于腰际。他脚穿标准赤褐色翻毛野战皮靴，配有 782 携行具——其中包括一条 M1936 手枪腰带（M1936 Pistol Belt，挂接在 M1941 背包系统的吊带上）。M1941 背包系统是海军陆战队专用的，图中的士兵采用了“野战行军配置”（即只携带背包），并在背包外面捆了一卷双面迷彩雨披。图中士兵的主武器是一把 0.45 英寸 M1928A1“汤普森”冲锋枪——配有早期型 50 发弹鼓。该枪虽然重量较重，但因火力持久而备受青睐。该士兵的右臀部有一个三联弹匣包（含备用弹鼓和多个 30 发弹匣）。0.45 英寸 M1911A1 半自动手枪装在弹匣包前方的枪套内，与之配套的双联备用弹匣包位于腰带左侧。最后，该士兵还携带了一把柯林斯（Collins）18 号大砍刀——刀刃长近 10 英寸，可以用于开路与格斗。该刀于 1942 年 9 月—10 月列装第 2 突袭营，并被营长埃文斯 · 卡尔森（Evans Carlson）中校命名为“工合刀”（Gung Ho）。请注意，这名士兵的背包与腰带后部可固定工兵铲和两个水壶，有时能携带一把剪线钳。

### 3. 一等水兵，澳大利亚皇家海军突击队，1944 年 9 月，澳大利亚昆士兰州

本图的原型是一位名叫卡吉尔（E.G.Cargill）的一等水兵——他当时正在三一海滩（Trinity Beach）接受丛林作战训练。图中的士兵头戴一顶软毡帽——右侧缝有带“H.M.A.S.”字样（“澳大利亚皇家海军”缩写）的帽徽。

这种软毡帽是澳大利亚人的民族象征，虽然造价较高且防潮性不佳，但仍然被澳军沿用。后来，澳军推出的替代品——丛林绿轻型贝雷帽——从未受到前线部队欢迎。图中士兵的衬衫和长裤采用了防腐布料，于 1943 年列装，取代了原先的绿色卡其布作训服，但各处绿色深浅不一。另外，这名士兵还穿了美式帆布绑腿，以及带特制丛林防滑钉的澳军军靴。

这名士兵的携行具采用了英制 37 型携行具中的各种套件，并针对丛林环境做了改进（包括采用了加宽版的“基本袋”），并搭配以澳军的“远程巡逻”背包。这套装备可能设计于 1942 年，并最终在 1943 年年初向部队推广，其中包括一块防潮布或雨披。在打包时，士兵需展开防潮布，在上面放好备用衣物、口粮及洗漱用品，然后将其卷起并折成“M”型，并用大背包的两条横向系带扎好，最后挂在 37 型标准小背包的“L”型肩带上。在缺乏实用型丛林背包的情况下，这种方案比其他部队对 37 型背包进行的战地改造更为优秀。请注意，这名士兵还拥有一把澳大利亚制造的 0.303 英寸李 - 恩菲尔德 No.1 短弹匣步枪，以及澳大利亚 1944 型砍刀（位于腰部）。

丛林制服和装备的改进

## 日军多兵种部队的“特别战法”，1941年—1942年

辻政信大佐的“特别战法”。根据该战法，日军将从狭窄正面发起行动，一举夺取桥梁。日军采用该战法的典型战例发生在1941年—1942年的马来亚地区。

首先，日军先遣队将借助缴获的当地船只，在夜雨掩护下渡河。随后，他们在南岸挖掘了散兵坑，掩护工兵修复被炸毁的桥梁（位于图中A位置）。而日军炮兵则集火压制守卫桥梁的英军炮兵（位于图中B位置），使后者无法干扰修复作业。最后，一旦桥梁修复完成，日军主力将发起攻击（通常会选择夜间），其中步兵负责包抄英军防御阵地，坦克和预备队沿公路推进，赶在英军炸毁下一座桥梁（位于图中B位置）前迅速抵达目的地。

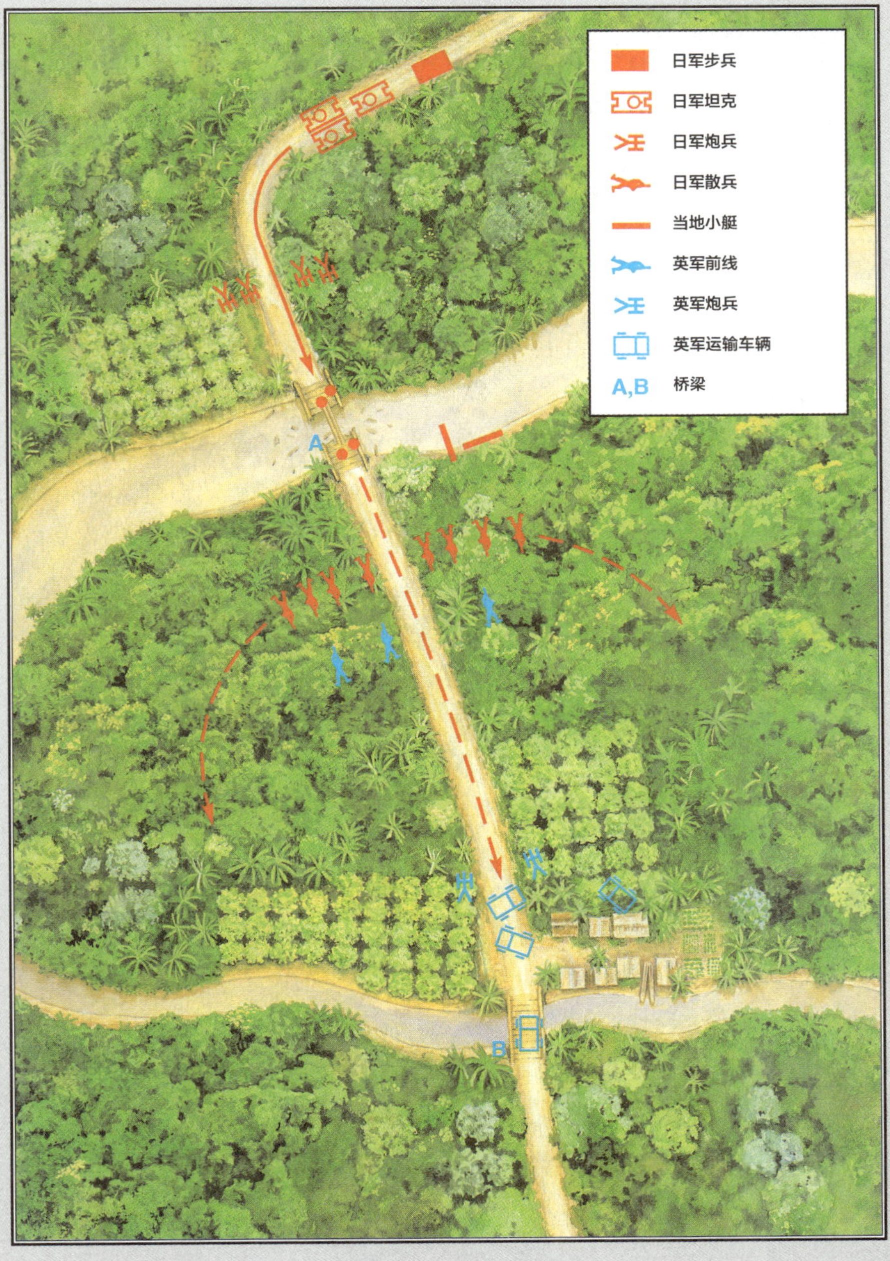

日军多兵种部队的“特别战法”，1941 年—1942 年

## 日军夜袭，1943 年

本图是根据 1943 年 4 月第 55 师团步兵第 112 联队的一个分队在缅甸“马掌山”（Horseshoe Hill）发动的某次进攻绘制的。本图所展示的基本要素曾在战争中被日军广为使用，并可扩展到中队层面。此类战术适合在种植园、崎岖地形和灌木丛实施，但不适合在茂密的次生密林中使用。

1. 日军一个步兵分队由 10 人至 12 人组成。在本图中，这个分队正沿草甸山坡向稀疏丛林推进——整个分队采用单列疏开纵队，每两个人间隔 8 英尺至 10 英尺。这种间隔既可以降低敌方火力的杀伤效果，又便于士兵施展战术动作，还能保证后方的士兵清楚看到前方士兵钢盔背面的白色识别布。该分队的分队长是一名“下士官”（即军士），其位置在纵队前端 [ 刺刀已经就位，步枪弹匣也已装满，但并未推弹上膛（只有在紧急情况时例外），随时准备通过白刃战突入守军阵地 ]。在夜间，日军所有士兵都将利用暗号（如“袋”或“鼠”）进行敌我识别。

2. 在距盟军阵地约 100 码时，分队长停下脚步，平举手臂。随即，所有人从纵队转换为疏开散兵线，并继续匍匐前进。此时守军虽然可能察觉有敌人出现，并开始盲目射击，但日军仍可以利用地形起伏继续爬行。由于是仰攻，匍匐前进的士兵的轮廓并不会暴露在地平线上。

3. 在距离盟军阵地数英尺时，分队长将高呼“突击”，所有士兵将立刻同时跃起发动冲锋。在夜色掩护下，这些日军的身影转瞬即逝，守军常来不及瞄准就陷入近战。趁守军在正面攻击牵制下晕头转向之际，其他日军也将前来增援，或者发起侧翼攻击。在占领了盟军的阵地后，该分队既可以就地据守，也可以先前进一段距离后再挖掘工事，以便躲避盟军炮击，但具体情况要取决于战场形势和上级命令。

4. 执行夜袭任务的日军步兵。这名士兵身着标准的九八式卡其色热带军衣，搭配羊毛绑腿。他的腰间有棕色皮质装具（内有 120 发有坂三八式步枪弹药），其九〇式钢盔上套有卡其色棉制钢盔罩（后部缝有 10 厘米见方的白色夜战识别布）。这名士兵没有携带背囊与挎包，并用麻布条将皮质防滑军靴与刺刀刀鞘包了起来，以避免发出声响。为消除反光，他不仅在刺刀上涂抹了泥浆，还在面部和手上涂抹了锅底灰。

*日军夜袭，1943 年*

## 澳军步兵班战术，1943 年

这四幅示意图的原型均为澳大利亚陆军第 6 师 1943 年 7 月的指令，它们展示了在丛林中作战时步兵班的典型部署形态。

**1. 步兵班沿丛林小径前进**

在步兵班的侦察组中，“先头侦察兵”将在队列前端推进。“第二侦察兵”与“先头侦察兵”相距约 5 码，接下来是“联络员”。在更后方（4 码—5 码），班长将带领轻机枪组前进——可根据战场态势在前方和后方灵活调整位置，但每两个人之间应保持 1 码左右的间距——轻机枪组的 3 号射手后方应留出 4 码—5 码的间隔。最后，是压阵的支援组，支援组的各成员之间应大致保持 1 码间距。

**2. 步兵班在接敌后展开**

一旦接敌，轻机枪组的 1 号射手和 2 号射手应立刻上前，采取俯卧射击姿势，而 3 号射手则会在后方提供火力掩护与弹药补给。侦察组的士兵会在队伍左右两翼 5 码—6 码处展开，然后依托掩体卧倒。在大多数情况下，班长会居中以跪姿指挥作战，轻机枪组会在班长左后方约 10 码处就位。而支援组的成员则会以站姿或跪姿进行环形防御，随时准备按指令朝前向任一侧翼运动。

**3. 步兵班展开，以便实施突破**

侦察组所有成员间隔 1 码—2 码，其中 1 名步枪手采取俯卧射击姿势，第 2 名步枪手和冲锋枪手跪在其后方。班长位于侦察组后方数码处，位于全班中间位置。轻机枪手和两名步枪手在任一侧翼 10 码外保持立姿警戒状态，随时准备根据命令前出并超越侦察组。至于支援组的成员，则会在另一侧翼组成环形防御。

### 4. 步兵班阵地防御

在本图中，步兵班在接敌后转入防御状态，准备采取后续行动。只有班长保持跪姿，其余人员全部采取俯卧射击姿势。此时，侦察组将转变为警戒组，实施多向隐蔽部署，其“联络员”负责向 10 码外的班长报告敌情。轻机枪组成员会按 1 码的间距组成三角队形，并面向前方。在轻机枪组身后数码处，支援组成员会组成“新月”队形，尽量全面监控侧翼和后方区域。

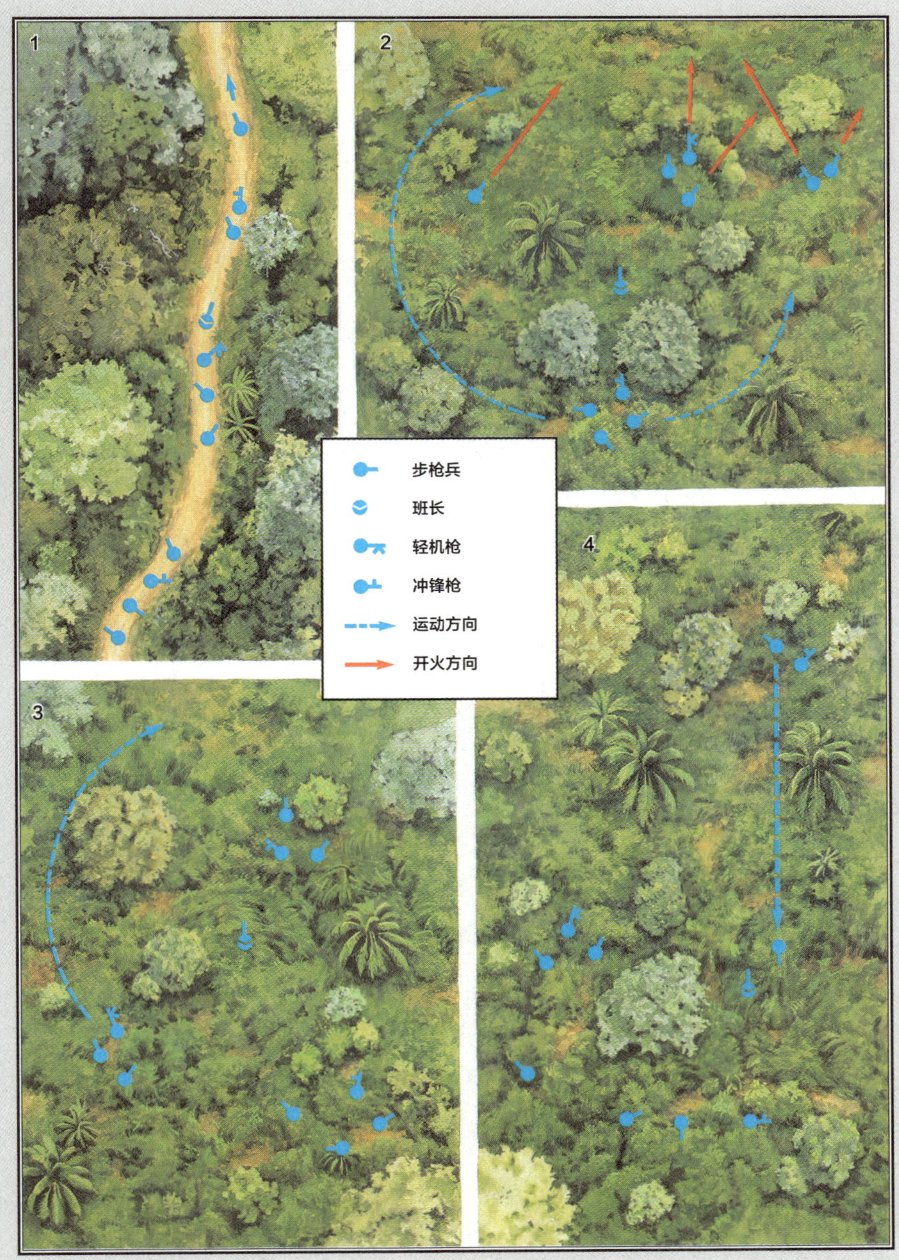


*澳军步兵班战术，1943 年*

## 澳军步兵班防御阵地，1943 年

本图源自澳军第 6 师的战术手册。澳军第 6 师是一支久经战火淬炼的部队，1942 年该师被从中东战区调往新几内亚，并在当地持续作战至 1945 年战争胜利。

### 1. 步兵班阵地全貌

本图展示了密林边缘的堑壕阵地。守军不仅有溪流作为天然屏障，还可控制对岸的开阔丛林和象草丛（Elephant Grass）。[①] 该阵地是一个大型防御体系的组成部分，其一个侧翼可得到中型机枪的火力掩护。不过，步兵班的轻机枪无法覆盖整个正面，只能控制开阔丛林或草地上的敌军接近路线。至于步枪、冲锋枪与手榴弹则可被用于封锁茂密丛林中的敌军接近路线。在溪流上游，澳军设置了一个隐蔽哨所（最初配有狙击手和冲锋枪手）。该哨所可以监控溪流上游和下游，如果遭遇敌情，哨所中的人员可以选择开火迎战、梯次后撤，或者直接撤退与步兵班主力会合。在原始图解中，还提到了设置假阵地，例如人为扰乱地表或遗弃弹药箱等物品，以诱使敌军进入杀伤区。

### 2. 步兵班阵地详情

本图展示了一个防御严密的堑壕阵地（在实际作战中，各部队修建的阵地并没有固定形状，但都会优先考虑隐蔽性与射界）。本阵地宽度约为 45—50 英尺，其内部设有四个主要武器掩体（在本图中用 A、C、D、E 来表示）——每个掩体占地约 6 英尺 ×3 英尺，可以容纳两名官兵。其中，轻机枪阵地（在本图中用 A 来表示）可以向至少一个指定区域投送远程火力；步枪与冲锋枪阵地（在本图中用 C、D、E 来表示）则监控着所有敌军可能发动短促突击的方位。班长

①这里所说的象草是一种禾本科狼尾草属植物。这种植物原产于非洲热带地区，后被世界其他地区引进栽培，作为牧草使用。

位于图中的B位置。所有露天阵地之间均有堑壕相连，这些堑壕顶部带有伪装，可以供人员匍匐前进。为隐蔽需要，上述武器掩体未利用沙包和土堆修建胸墙。在交通壕沿线，该步兵班还挖掘了掩体和弹药口粮储藏点，其顶盖是由两层原木夹筑而成的，两层原木中间有至少9英寸厚的土壤作为夹层（夹层最好使用装满土的弹药箱来修建）。为最大限度减少人员暴露的危险，该班甚至在堑壕末端预先挖掘了野战厕所（在本图中用L来表示）。

*澳军步兵班防御阵地，1943 年*

## 美军巡逻队，布干维尔，1944 年

本图主要是根据美国陆军第 23“美国新喀里多尼亚”（Americal）师第 164 步兵团 E 连两位军官的回忆绘制的。其中一位军官是米尔顿·谢德（Milton Shedd）中尉，另一位军官是查尔斯·沃克（Charles H.Walker）中尉，后者撰写有回忆录《战斗军官》（*Combat Officer*），并在该书中引用了不少前者的记录。在本图中，我们可以看到一支七人巡逻队，他们正在所罗门群岛土著向导（1）的带领下接近疑似接触地点。不少照片显示，这些土著向导平时只穿一块缠腰布，但会携带美制携行具，并配备 M1903 栓动步枪。巡逻队的队长（2）刚与尖兵会合，他示意一名勃朗宁自动步枪手（共两名）与掩护步枪手（4 和 5）离开纵队，前往右翼探查情况。如果当地植被较为稀疏，其余人员[包括一名“汤普森”冲锋枪手（3）、第 2 名勃朗宁自动步枪手（6）与两名步枪手（7 和 8）]——也将向前移动，组成散兵线，以便与敌军接触。不过，他们不知道自己即将遭遇一名隐蔽在“蛸壶壕”或“蜘蛛穴”中的日军步枪兵（A）。有时，日军还会改进“蛸壶壕”，并在墙壁上挖出一个储物洞。

第 164 步兵团是一支北达科他州国民警卫队单位，其补充兵源来自美国各地，甚至包括一些从南部边境征募的墨西哥裔士兵。所有巡逻队成员都配备 M1 钢盔、橄榄褐色的 M1942 或 M1943 人字斜纹布作训服和全套标准携行具。他们的丛林背包（B）从 1943 年开始列装部队，虽然极为实用，但在前线仍相当少见。通常情况下，美军会用这一背包装毛毯、雨披、小型头部防蚊网、7 日—10 日份口粮。另外，每六人会携带一台科尔曼汽油炉（Coleman Gasoline Cooker）。部分队员会配备带引信雷管的 TNT 炸药块——不仅可以充当诡雷，还可用于快速构筑散兵坑。如果巡逻队携带了 60 毫米迫击炮，其炮弹背负工作将由全员分摊。另外，我们还可以在背包外面看到一把带“T”字把手的工兵铲与一把大砍刀。

一般来说，巡逻队员会把步枪子弹装在位于腰带上的子弹包内，并按曳光弹、穿甲弹、燃烧弹等不同种类分类存放。每名巡逻队员还会携带三个水

壶（两壶水和一壶燃料）、一把格斗匕首、一个丛林急救包［下方还挂着一个更小的卡尔莱尔腰包（Carlisle Pack）］。由于没有配发迷彩油彩，E 连经常只能用军医提供的龙胆紫药膏临时进行面部伪装（C）。本图中的巡逻队共携带了 33 枚手雷，沃克中尉常与英联邦国家的军队交换破片杀伤威力更强的 36 号米尔斯手榴弹。第 164 步兵团还设立了一所“丛林追踪学校”（Jungle Tracking School），并从第 3 斐济营（3rd Fijian Bn）借调了一些教官（他们可以仅凭树叶上的气味，就判断出它们是否被人触碰过）。

美军巡逻队，布干维尔，1944 年

## 英军“在宽大战线推进”，缅甸，1944 年—1945 年

### 1. 英军战术示意图

本战术示意图取材自英军于1944年12月出版的《远东战场作战准备事项》手册（适用对象为排级和连级部队）。该手册指出，在“丛林与灌木地带，部队应避免直接进攻，而是应采用侧翼迂回战术”。当地最大的问题在于没有连贯的战线。在这种情况下，英军模仿了日军的渗透战术。在当地，日军一般会选择在小径上的要隘和村落处布防，而英军则相应采取了“部分兵力牵制，攻击部队主力迂回”的策略，以便直接夺取道路、铁路和河流桥梁附近的关键村庄。与 1941 年—1942 年时不同，英军已不再惧怕侧翼暴露或遭到合围，也不再组成密集公路纵队，从而降低了被伏击或遭遇空袭的危险。经过多年实战，英军已能熟练在多种地形下作战。此时，英军不仅享有坦克与空中优势，还拥有充足的船只，部队可以“多线并进”。

### 2. 列兵，埃塞克斯团第 1 营（1st Battalion Essex Regiment），“星期四”行动，1944 年 2 月

这名“钦迪特”步兵整装待发，准备在纵队周边区域进行局部巡逻。他头戴一顶仿澳军毛毡丛林帽，身穿印度制丛林绿色衬衣、轻质帆布作战裤、短款作战靴（Ammo Boots）和羊毛过踝绑腿。他的其他装备非常简单，仅包括腰间的一条棉制腰带（可装 10 个步枪弹匣）、一把李 - 恩菲尔德短弹匣步枪，以及一把大砍刀。由于长刺刀在近战中使用不便，英军只会在接敌的前一刻才将其固定在步枪上。

### 3. 列兵，伍斯特郡团第 1 营（1st Battalion Worcestershire Regiment），1945 年 5 月，缅甸伊洛瓦底江

伍斯特郡团第 1 营是一支英军部队，其隶属于印度第 29 步兵旅。图中这名士兵的全套服装均由印度生产，包括丛林绿轻质作战外套、新式窄檐丛林

布帽（当时英军刚装备这种帽子）、印度制 37 型携行具（“战斗配置”）。他的武器是一把新型 5 号步枪（即“丛林卡宾枪”，该枪是 4 号步枪的缩短版，长度从后者的 44 英寸减少到了 39 英寸，重量也比后者轻了 1.6 磅）。虽然该枪更适合在丛林中使用，但并不受士兵青睐，原因是它需要加装枪口制退器，而且其后坐力很大（尽管配有橡胶肩垫）。在丛林中，部队还会奉命取下步枪背带，以便随时使用武器。

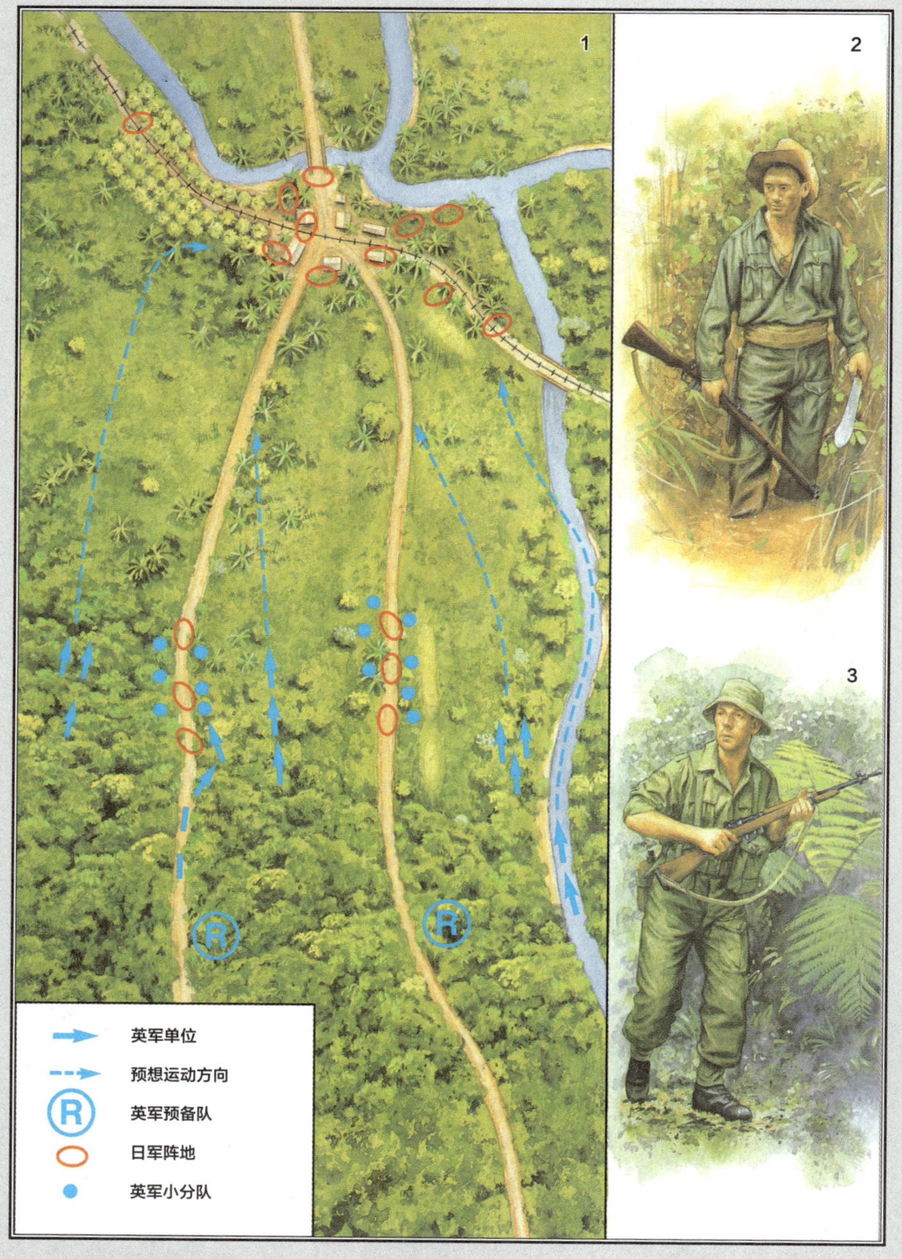


*英军“在宽大战线推进”，缅甸，1944 年—1945 年*

## 伏击战术

在丛林地带，视野有限和火力支援武器运用困难，导致伏击成为步兵战术的关键组成部分。本图展示了四种伏击战术——全部发生在同一种假想地形中。

### 1. 日军公路伏击，1944 年

本图是根据 1944 年的美军手册绘制的。在本图中，日军在盟军前进方向的转角处设置了路障。一门反坦克炮已经伪装就绪，它可以火力覆盖盟军的整条开进路线。日军步兵在弯道两侧、丛林边缘占据了阵地，形成了交叉火力，可打击盟军纵队的前端、侧翼和尾部，并保护反坦克炮，使其免遭盟军快速冲击。如果没有反坦克炮，日军还会用机枪或反坦克步枪代替。

### 2. 澳军在渡河点设伏，1943 年

本图取材自澳大利亚第 6 师发布的手册。本图展示的伏击战术仅需两人即可实施，而且发起者有一定逃脱概率。其中一人负责在溪流渡口处就位，以便观察向渡口靠近的敌军，并沿溪流方向朝对方侧翼射击；另一人面朝溪流，枪口指向小径。精心隐蔽的两人，可确保火力在渡河点交汇。在尽量杀伤敌人（或遭到敌方反击）后，他们将按照信号撤离，分头返回集合地点。

### 3. 英军排级部队的“快速伏击”，1944 年

本图是根据英军《远东战场作战准备事项》中的一张插图绘制的。在本图中，英军在日军行进路线的弯道处设置了路障，试图歼灭一支兵力旗鼓相当的来袭部队。英军将一个排的大部分兵力（这些士兵携带了步枪和冲锋枪）后撤至道路两侧，并分成两组，避免火力重叠造成误伤。一旦伏击开始，“布伦”轻机枪组将迅速上前，冲到敌军后方，直接沿道路向敌军射击，从而形成三面交叉火力。如果敌军卧倒或陷入混乱，伏击组将从两面接近，歼灭残存之敌。

**4. 多个英军排共同设伏，1944 年**

本图取材自“钦迪特”部队的战术和《远东战场作战准备事项》手册。在本图中，多个英军排试图协同行动，使用轻机枪和 2 英寸迫击炮攻击弯道处的敌军大型纵队。英军将迫击炮部署在后方（会预先对道路进行标定），将轻机枪部署在道路边缘靠后的位置（组成了交叉火力，并利用弯道和直道占据了具有开阔射界的阵地）。在本图中,英军步枪与冲锋枪手的位置靠近道路，但仅位于道路一侧。一旦敌军先头部队在弯道附近“露头”，迫击炮和轻机枪将同时开火，将敌军置于迫击炮弹幕和机枪火力的前后夹击之下，使其难以招架。而步枪手，则会狙杀试图跳车的敌军。如果对方车辆试图开下道路寻找隐蔽，设伏部队会就近将其击毁。如果行动失利（或接到了预定的撤退信号），各伏击组应在轻机枪掩护下撤往集结点，继而向远方基地转移。

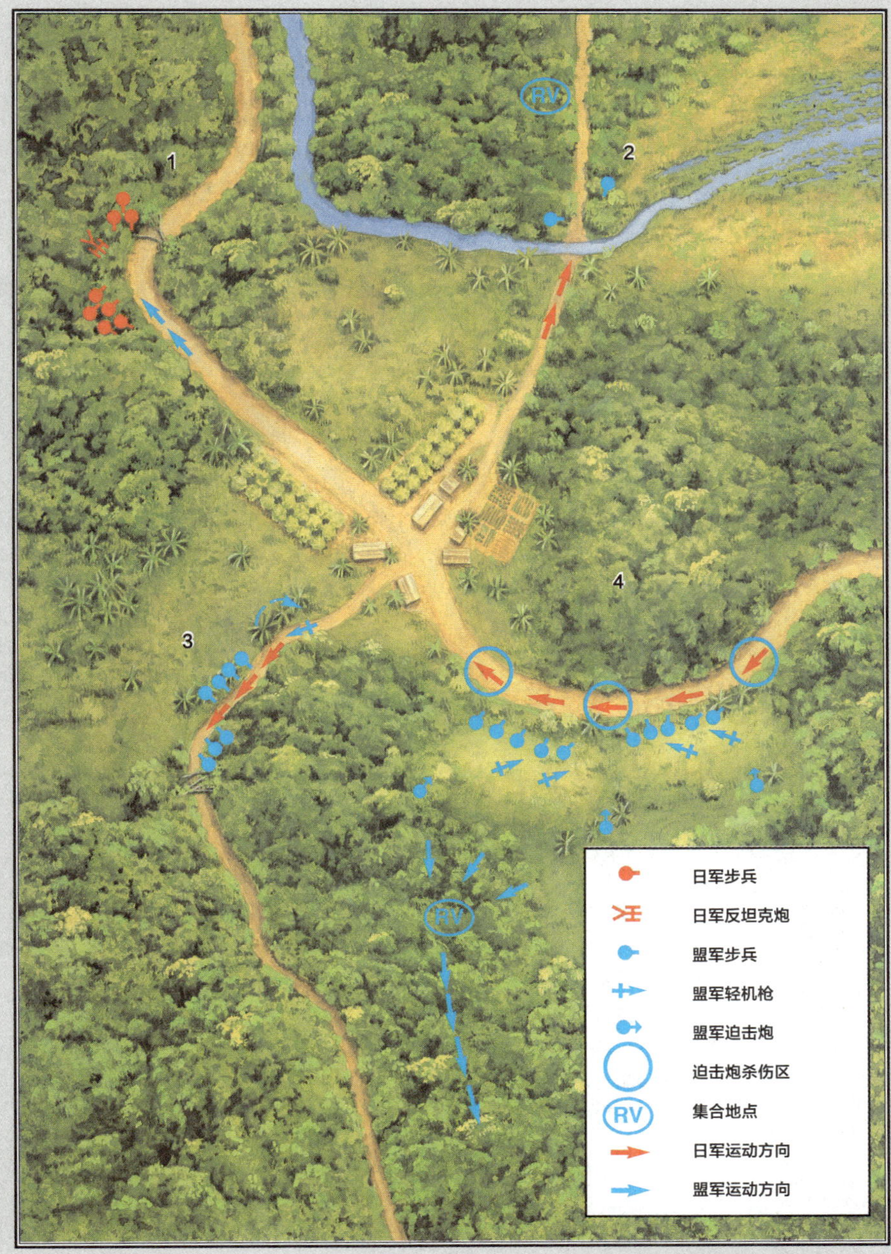
1
2
3
4
RV
RV
日军步兵
日军反坦克炮
盟军步兵
盟军轻机枪
盟军迫击炮
迫击炮杀伤区
RV
集合地点
日军运动方向
盟军运动方向

*伏击战术*